U0748337

应试学习法

図解でわかる
試験勉強のすごいコツ

〔日〕平木太生 著

50种
便于通过考试的
学习法

中国青年出版社

图书在版编目（CIP）数据

应试学习法：50种便于通过考试的学习法 / （日）平木太生著；金香兰译.
—北京：中国青年出版社，2024. 5
ISBN 978-7-5153-7278-5

Ⅰ. ①应… Ⅱ. ①平… ②金… Ⅲ. ①学习方法 Ⅳ. ①G442

中国国家版本馆CIP数据核字（2024）第079347号

Zukai de Wakaru Shikembenkyo no Sugoi Kotsu
Copyright © Taiki Hiraki 2022
Originally published in Japan by Nippon Jitsugyo Publishing Co., Ltd.
Simplified Chinese edition published by China Youth Book, Inc. China Youth Press
Through Beijing Tongzhou Culture Co., Ltd. (E-mail: tzcopyright@163.com)
Simplified Chinese translation copyright © 2024 China Youth Book, Inc. (an imprint of
China Youth Press)
All rights reserved.

应试学习法：50种便于通过考试的学习法

作　　者：[日] 平木太生
译　　者：金香兰
策划编辑：刘　吉
责任编辑：刘　吉
美术编辑：张　艳
出　　版：中国青年出版社
发　　行：北京中青文文化传媒有限公司
电　　话：010-65511272 / 65516873
公司网址：www.cyb.com.cn
购书网址：zqwts.tmall.com
印　　刷：北京博海升彩色印刷有限公司
版　　次：2024年5月第1版
印　　次：2024年5月第1次印刷
开　　本：880mm×1230mm　　1/32
字　　数：120千字
印　　张：4.75
京权图字：01-2023-0059
书　　号：ISBN 978-7-5153-7278-5
定　　价：49.90元

版权声明

　　未经出版人事先书面许可，对本出版物的任何部分不得以任何方式或途径复制或传播，包括但不限于复印、录制、录音，或通过任何数据库、在线信息、数字化产品或可检索的系统。

中青版图书，版权所有，盗版必究

第 4 章　有效记忆

第 **5** 章　营造学习环境

结语

无论是谁，只要在"学习方法"上下功夫，都可以在短时间内通过考试

📖 人生的转机

早上好，逢考必过！

请别介意，这是一种我在博客上向大家打招呼的方式。所以，在本书中也请允许我用"早上好，逢考必过！"来向大家问好吧。

各位读者朋友，初次见面，我是律师兼注册会计师平木太生（jiji）。我想正在阅读本书的读者朋友应该是正在学习某种课程，并在寻求更有效的学习方法"的读者，或者是正准备应试的考生的家长。

本书是写给初中生、高中生、大学生、准备挑战各种资格考试的考生等，所有那些"为应试而努力学习的考生"的。说实话，我在进入大学之前，并不擅长学习。从小学开始，我一直在补习班和培训机构上课，最终考上了名校法政大学，或许可以称得上是一帆风顺的学习人生吧。

不过，直到高考，我是漫无目地去补习班、上课、做卷子、刷历年真题，就这样稀里糊涂地参加了高考。法政大学虽然是一所很了不起的大学，但这所大学的学生的学习能力不及东京大学、早稻田大学、庆应大学的学生，这是无可辩驳的事实。

我人生的转折点出现在我上大学后准备考注册会计师的那个阶段。尽管在同一所培训机构上课，在自习室学习同样的时间，但我的成绩不如我的同桌，他是东京大学的一名学生。当时，我并没有把这个原因归结为"东京大学的学生就是天资聪慧"而了事，反倒是毫不避讳地找到那个东京大学的学生，并向他请教了"怎样学习才能取得如此好的成绩呢？"。

结果，东京大学的那位学生非常详细地把学习方法教给了我。这个学习方法与我之前一直奉行的学习方法截然不同，让我不禁感动并赞叹"原来这个学习方法这么高效啊"。东京大学的那位学生毫无保留地将学习方法传授给了我，并且他认为这是一个"毫无疑义"的学习方法。从他那里学会了学习方法之后，我还向周边成绩优异的其他学生挨个取经。而后我得出了一个结论，那就是考试的分数并非取决于头脑，而是取决于是否掌握了"学习方法"。

自从掌握了高效的学习方法之后，我的成绩突飞猛进，在上大三时就通过了注册会计师考试，并在那之后，又依次顺利通过了律师资格考试的初试和被称为考试难关的律师资格考试。

现在，我已经通过了注册会计师考试和律师考试，我觉得自己有责任将从优秀学生那里学到的学习方法以及自己想出的高效学习方法传授给其他学生。

义务教育和高中教育可以教我们"课本上的知识"，却不会教我们"学习方法"。对于应试学习而言，学习方法是非常重要的。我相信只要掌握好学习方法且有效吸收所学的知识，就能够提升学习能力。

📖 关于学习方法的总论以及具体指导

在本书中一共介绍了51种学习方法。如果细讲学习方法的话，永远都讲不完，所以在此严格筛选了51种让我成功通过各种难关考试的学习方法。

学习方法中包括"应该用怎样的思维去学习"这样的学习方法总论和"具体应该采取怎样的方法"这样的具体指导。在本书中我有效地将一般理论和具体理论平衡有度地结合了起来，我对我的这种做法感到很自豪。读了这本书，你就会明白，"短时间内通过高难度考试的人都是以什么样的心态去挑战考试的？"，并且还会了解到他们"在学习上具体下了哪些功夫？"。

说到底，其实每个人都有不同的学习方法。本书介绍了很多种学习方法，但你不必全部使用。本书介绍的学习方法虽然并不都是改变我人生的学习方法，但由于每个人的性格与所处环境不同，针对的考试也不尽相同。所以，了解多种学习方法，选择你感兴趣的，尝试并坚持用你认为适合自己的学习方法，最后按照自己的方式调整、进化之后就会形成你自己的学习方法了。因此，先"了解这些学习方法"就是至关重要的了。

📖 学习的关键

如果有人问学习的关键是什么，答案就是"乐在其中"。不管做什么，如果总是不情愿地去做的话，那么就没法成长。不过，相比在学习内容中寻找乐趣，更重要的是考虑如何才能获得高分，并实践它，在实际获得高分中寻找快乐。从这个角度来讲，考试很像是玩游戏。

希望这本书能成为一本"策略书"，对你通过考试这一游戏有所帮助。

平木太生

2022年4月

第 1 章

什么是「正确的学习方法」

9 预习与复习 …… 在预习上无须花大量时间，但要重视复习

8 强制速读法 …… 按1分钟读1页的速度阅读

7 合格体验谈 …… 实际想象一下考试合格的情景

6 重视历年真题 …… 以历年真题为主的学习

5 高速重复法 …… 不懂的地方就跳过去，之后再不断地进行重复

4 学习时间 …… 自然增加学习时间的方法

3 学习计划倒推法 …… 学习计划要从目标开始倒推

2 重复理论 …… 将应该掌握的知识点整理到一个册子中，反复复习3遍

1 输出思维 …… 要多做习题的理由

1
输出思维
要多做习题的理由

📖 输入与输出

备考的时候，一方面，我们需要准备课本和教辅。我们把上课、看课本或看教辅进行理解和吸收知识的过程称作学习的"输入"。

另一方面，把通过解答习题、进行模拟考试等方式输出知识的做法，称作学习的"输出"。

有很多学生非常重视输入，但其实重视输出才是学习的终极秘诀。当然，输入和输出可以说是车子上的两个轮子，所以，无论哪一个都很重要，但是很多同学偏偏低估了输出。

📖 了解趋势，并研究达到目标的最短路径

"为什么输出很重要？"这是为了减少无用的输入。也就是说，在刚开始学习的阶段通过解题，就能了解到教科书上的知识是以怎样的形式出现在考试中的。而且，还能够分清教科书中的哪些知识点是易考点，哪些是不经常考的知识点。如果在学习的早期阶段通过接触实际题型并把握出题的倾向之后再开始输入的话，就可以避免浪费时间，从而以最高效的学习达到通过考试的目的。

此外，从人类大脑的结构上讲，记忆要经过犯错并修正错误的过程才会留存下来。所以，通过输出，知识更容易被记住。

输入思维与输出思维

常见的输入思维

上课　　　　一味地听课和读课本　　　不知道考点会以什么样的
　　　　　　　　　　　　　　　　　　形式出现，到最后都解不
　　　　　　　　　　　　　　　　　　出来题

应该有的输出思维

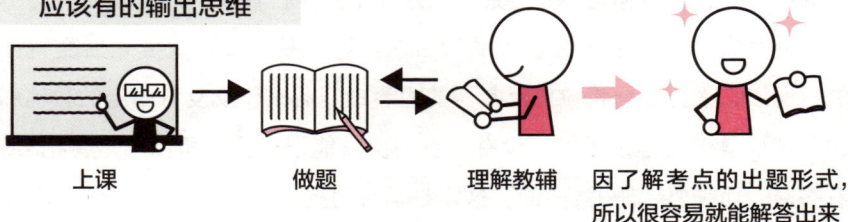

上课　　　做题　　　理解教辅　　因了解考点的出题形式，
　　　　　　　　　　　　　　　　所以很容易就能解答出来

📖 确保足够的课后自学时间

　　备考的学生经常会犯一个错误，他们有一个共通的想法，那就是认为"培训班的老师肯定会让自己顺利通过考试的"。培训班的确给我们铺设了一条通向合格之路的铁轨，可是要在上面跑的还是我们自己。仅靠在培训班上课，做模拟测试，最后阶段再做一些真题，很多时候是达不到及格水平的。

　　那么，"我们应该如何对待呢？"，我们应该尽早地完成培训班的课程，并确保之后有充分的自学时间。

　　在线学习的时间占五成，自学的时间也占五成，这种分配是比较理想的。在这段自学期间，要重视输出的学习，将所学的知识牢牢掌握。从时间的比例来看，虽然是5∶5，但按照总学习时间来讲，理想的上课时间与自学时间的比例为1∶9。

2 重复理论
将应该掌握的知识点整理到一个册子中，反复复习3遍

📖 成为一个重复狂吧

学习的时候总是这山望着那山高，双眼被自己使用的教科书或习题集之外的内容所迷惑。你是不是有过购买好几本同一科目教辅的情况呢？

这其实是违背了记忆机理的学习法。记忆是在多次重复之后变得深刻的。所以，无论如何将应该反复做的内容锁定起来，反复看固定的教辅和习题集、反复做才是重要的。没有人看一次就能记得住，所以不是要把3册书看一遍，而是要一册书看3遍，这才是学习的技巧。

📖 应该反复看什么呢

那么，应该反复看什么教辅呢？当然是反复看那些被称为"王道"的教辅比较好了。多数备考的学生都在用的教辅大部分情况下就是较好的。如果是多数人都在用的教辅，那么教辅中出现的知识，多数考生都能解答，而教辅中没有的知识点，多数考生也解答不出来，所以这些多数人都不会的题，其影响也不是很大。

在培训班学习的人，完全相信培训班所发的教辅是完美的。因为培训班的讲师是专业的，基本上选择的教辅都不会错。

我个人也属于完全相信培训班的类型，决定好一个培训班准备在那里学习时，就没买过市场上销售的任何教辅，也完全没有上过其他培训班的课程。也许这样说有些极端，不过与其花时间在选择教辅上左思右想，倒不如将这些时间花在学习上。

"把3册教辅看一遍"不如"把一册教辅看3遍",这是学习的铁律

✕
A ▸ B ▸ C
无论怎样都无法深入理解

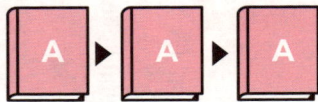

◯
A ▸ A ▸ A
最终得以深入理解

反复与成果的关系

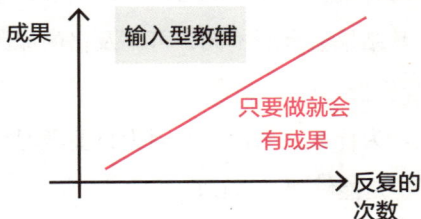

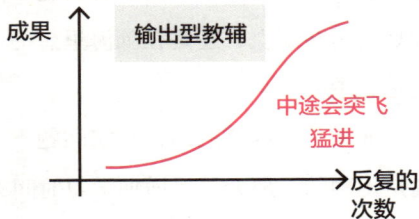

成果 | 输入型教辅

只要做就会
有成果

→ 反复的
次数

成果 | 输出型教辅

中途会突飞
猛进

→ 反复的
次数

📖 应该重复几遍呢

接下来聊聊教辅应该反复学习多少遍这个问题,输入型教辅(教科书等)和输出型教辅(习题集)的结果有所不同。

如果是输入型教辅的话,只要是读了就会学到相应的知识。所以,如果时间充裕的话,能读10遍就读10遍,能读100遍就读100遍。当然,由于输出型的学习更值得重视,所以在做输入型学习时有一个前提,那就是"要在把握了出题倾向的基础之上"。你所决定的要掌握的那本输入型教辅,可以称其为"宝典"。因为它是经过了你一遍又一遍的阅读并记有错题,只要有这本教辅在手,就能复习所有内容,所以你一定要致力于制作这样一本宝典。

另外,输出型教辅在重复第3遍时,会让你的实力有质的飞跃,而在此之后的成长就没那么明显了,所以至少要"重复3遍"。输出当然是越多越好,但是考虑到时间问题,所以重复3遍就可以转移到另一本教辅了。

3 学习计划倒推法
学习计划要从目标开始倒推

📖 考试不合格的理由只有两个

其实，应试学习考试不及格的理由只有两个。那就是：①学习计划不对；②虽然学习计划方面没有问题，但没有落实到位。就这两个。虽说根据计划是写在纸上，还是在脑海里想的，其结果会有所不同，可不及格的原因就是其中的一个。

如果是原因②的话，其实问题不大。为什么这么说呢？因为只要学习计划是正确的，那么只要增加学习时间，还是能够通过考试的。

有问题的是①。如果学习计划错了，那么无论怎样确保学习时间，也难以通过考试。我在通过了各种考试之后，总结出来的结论就是"一切取决于学习计划"。那么我们应该怎样制订学习计划呢？

📖 安排和计划的区别

如果我说"给我看一下你的学习计划"，很多考生就会把罗列着何时上课、何时考试的日程表拿给我看。但是，这只能说是自己的"安排"，这不是"计划"。

所谓的学习计划，就是要从目标倒推，决定应该做的事情（任务）和时间等。在正式考试之前，要掌握哪些不懂的地方，应该选定哪些课程和使用哪些教辅，都要做好具体的安排。不做计划就如同不带地图去爬山，会在学习中成为迷路的孩子。

制订学习计划的方法

✗ 常见的学习计划表 = 所谓的"想做的"

一	二	三	四	五	六	日
	1	2	3	4	5	6
	预习课程①	复习①	做习题集	预习课程②	复习②记忆	问答练习A复习
7	8	9	10	11	12	13
备用日期	预习课程③	复习③	做习题集	预习课程④	复习④记忆	休息
14	15	16	17	18	19	20
备用日期	预习课程⑤	复习⑤	做习题集	预习课程⑥	复习⑥记忆	问答练习B
21	22	23	24	25	26	27
备用日期	预习课程⑦	复习⑦	做习题集	预习课程⑧	复习⑧记忆	休息
28	29	30	31			
备用日期	预习课程⑨	复习⑨	做习题集			

○ 应有的学习计划表 = 所谓的"计划"

任务	预计时间	20X1年			20X2年							
		10月	11月	12月	1月	2月	3月	4月	5月	6月	7月	8月
（输入）												
培训班课程	200	50	50	50	50							
整理资料	100			25	25	25	25					
理解教辅·习题	350					50	50	50	50	50	50	50
记忆论据集	350					50	50	50	50	50	50	50
（输出）												
习题集	500	50	50	50	50		50	50	50	50	50	50
问答练习	120				20	20	20	20	20	20		
历年真题	300						50	50	50	50	50	50
全国模拟考试	20										20	
	1940	100	100	125	145	145	245	220	220	220	220	200

↑ 总的学习时间　　　↑ 每个月需要学习的时间

📖 制订学习计划的方法

学习计划可以用这3个步骤来制订。

步骤1：确定任务。首先通过看历年真题来确认自己目前的解题能力水平。在此基础上，思考应该上的课程，应该用的教辅，应该做的模拟测试以及应该重复多少次。刚开始的阶段对这些应该都不太了解，所以可以通过分析成功通过考试的考生的博客和网上的信息找出共同点。

步骤2：预计完成任务所需要的时间。大概计算一下完成步骤1的任务需要多长时间。比如上一堂课要2小时，那么上50堂这样的课合计就需要100个小时，从头到尾做一次练习题需要50小时，那么做3遍大概需要150个小时，以此类推。

步骤3：确定完成任务所需要的时间后，决定如何分配到具体时期里。按照什么顺序安排，以及验证自己要完成任务的那个时期是否包含在自己可以学习的时间范畴内。

就用以上3个步骤来制订学习计划。

4 学习时间
自然增加学习时间的方法

📕 学习成果＝学习时间 × 学习效率

盲目的学习，是不会让你的成绩有起色的。多思考如何才能提高分数，就会发现学习成果可以用"学习时间 × 学习效率"这样的式子来表示。

学习时间的最大化和学习效率的最大化是考试合格不可或缺的因素。无论研究出多么高效的学习方法，也不可能一天只学5分钟就能通过考试。相反，即便一天学习20个小时，如果效率差的话也不会通过考试。

而且，在我看来，很多考生的学习时间是远远不够的。所以，不要因此追求怪异的方法论，而是要重新审视是否能够挤出更多的学习时间。

📕 24小时－睡眠时间＝学习时间

看到这个式子之后，我想很多读者都受到了打击，在我备考的那段时间，我每天学习17个小时，睡6个小时（剩下的1个小时用于吃饭、休息），每天都是这种生活状态。

有时会因为学校、工作、家庭的事情，或者其他的理由而耽误学习，这种情况是因人而异的。但是，如果将这些事情全部推掉，专心来应对考试的话，就能够推导出刚才的那个式子。考试是残酷的，它不会管你在什么境况下应试，如果说得再苛刻一点，就是你要意识到与自己竞争的考生都是想方设法挤时间学习的人，这是非常关键的。

在你增加了学习的时间之后，你会萌生"不想浪费时间"的想法，所以效率也会随之提升。这就是"量变到质变的转化规律"。

学习时间与学习成果的关系式

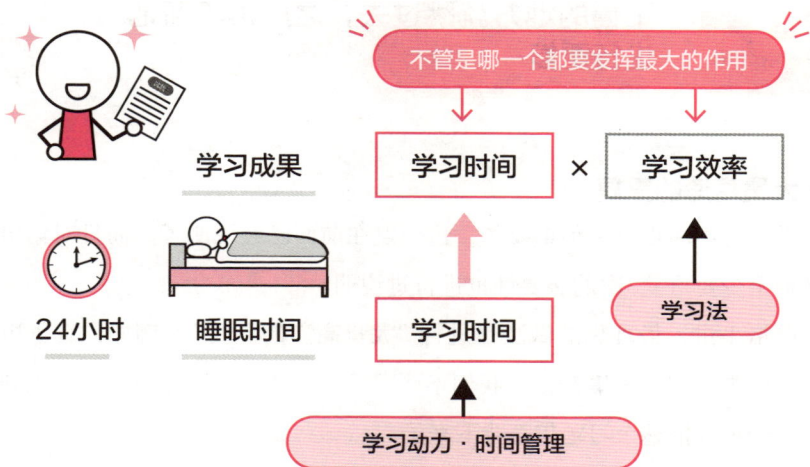

不管是哪一个都要发挥最大的作用

学习成果

24小时　睡眠时间

学习时间 × 学习效率

学习时间

学习法

学习动力・时间管理

📖 利用好碎片时间

如果对考生说"一天要学习17个小时",他们就会反驳道:"对着桌子坐那么长时间,做不到啊。"其实,我也没有学过17个小时。并不是说坐在书桌前才算学习,要把碎片化的学习时间算在17个小时之内。

碎片化的时间比我们想象的要多。走路去车站的时间、乘坐电车的时间、吃饭的时间、泡澡的时间以及刷牙的时间……我们需要把这些时间都有效地利用起来,要在生活中随时随地想着学习的事情。

不同的碎片化时间各有合适的学习方法。如果是走路的时间或是就餐的时间,那么像单词卡片那样利用一只手就可以学习的学习道具就好一些。如果是泡澡的时间,那么就用防水纸将需要记忆的知识写好贴在墙壁上放声朗读,也可以使用防水音箱等,听语音学习。

这么看来,想要增加学习时间,方法还是很多的,就看你如何在学习时间上下功夫了。

5 高速重复法
不懂的地方就跳过去，之后再不断地进行重复

📖 大量高速的重复

学习时不断重复是很重要的，这一点在前面已经说明了。而且对输出型的教辅至少要重复3次的必要性也进行过说明。

严格来讲，最理想的做法是进行"大量高速的重复"。例如，真正厉害的人可以重复刷习题集70遍。我们不要求像他们那样，但是至少要意识到有些人已经可以把整个习题集都背下来了。

📖 不懂的地方跳过去，追求高速度

那么，那些人是如何进行高速重复的呢？

关键就在于要有意识地跳过不明白的地方。不能在不懂的地方花过多的时间。之所以要求这么做，有两个理由。

一是有些部分很可能凭当时的知识本来就无法理解。所谓的学问并不是各种知识独立存在的，它们之间有着紧密的关联。我们在刚接触新知识的时候，即使看解析也难以理解的知识点，在学习到最后阶段时，又很自然地理解了。

二是它可能不是非常重要的知识。应试型的学习并非以成为学者为目的的学习。因为很多时候如果不从整体来看的话是不知道该部分知识是否为易考点，或许，对于考试而言这部分知识正好属于不太重要的内容。

何谓可以进步的学习方法?

常见的学习方法

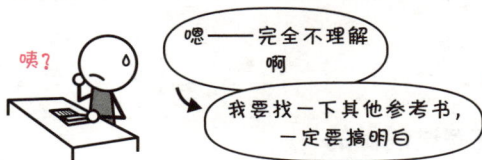

咦?

嗯——完全不理解啊

我要找一下其他参考书，一定要搞明白

无论到什么时候都没进展，没法进步

高速重复法

做下一道题吧!

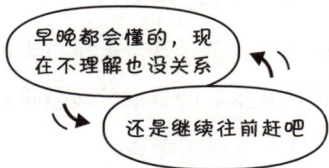

早晚都会懂的，现在不理解也没关系

还是继续往前赶吧

随着不断重复得以理解、得以进步

📖 达到潜意识的效果

大量高速的重复，原本就不是以完全解出所有问题为目的的。所以即便教辅很薄，也要通过一遍又一遍的输入和输出巩固记忆。有些人还将这个过程比喻成"烙千层饼"。

我曾经特别重视的就是潜意识效果。所谓的潜意识效果是心理学的一个用语，指的是某些知觉的刺激在时间非常短的情况下，会无法让人从意识的层面认知到它，但是它可以对潜意识达到一定影响的效果。它能达到的效果就像在肉眼看不到的电影的一帧中，多次加入可口可乐的画面，这样做可口可乐的销量就会上涨一样。

心理学虽然不是我的专业学科，但是在我知道潜意识效果之后，我就认为，如果多次接触的话，就算不会在意识层面起到认知的作用，也能够让大脑认知到它。虽然不知道从科学角度来讲有多大的效果，但我从这样的一种意识出发进行了大量高速的重复。

6 重视历年真题
以历年真题为主的学习

📖 历年真题不是在考试前做的

在应试学习中经常有一种错误的认知，那就是误认为"历年真题要在考前当作实力测试来做"。请你马上丢掉这种想法。

我之所以能够通过各种考试，其中一个很大的原因就是，我是以历年真题为主进行学习的。我从开始学的早期阶段就接触了历年真题，并且不断地重复做历年真题，这才让我通过了考试。

📖 为什么是历年真题呢

"历年真题不会重复出现，所以没有必要去做历年真题""历年真题在考前作为实力测试做一下就够了"，意想不到的是持有这种想法的考生非常多。

但是，我可以肯定地说，历年真题会"变化成不同的形式反复出现"。虽然不是完全相同的题，但考的是同一个知识点，这种情况比比皆是。那些考试委员会认为重要的知识点或者无论谁都认为在这个科目中是（学习）重要知识点的内容，一定会以不同的形式反复地出现在考试中。

而且，历年真题说起来就如同要到达的"终点"。如果做历年真题能考出合格的分数，那么可以说现在的你已经无穷地接近了合格的水平。正如之前所说，在制订学习计划的时候要从目标开始倒推决定要做的事情和何时去做，而这时起到指引作用的就是历年真题。

通过做历年真题来缩小与现在的自己之间的差距，可以说这就是学习计划。

应试学习的好方法和坏方法

常见的应试学习方法

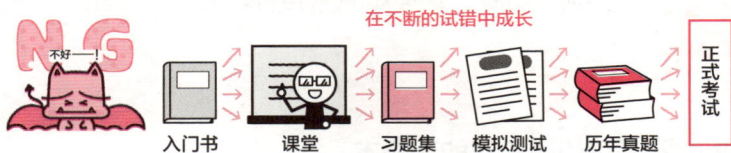

在不断的试错中成长

不好——！

入门书　课堂　习题集　模拟测试　历年真题　正式考试

从历年真题出发进行应试学习的方法

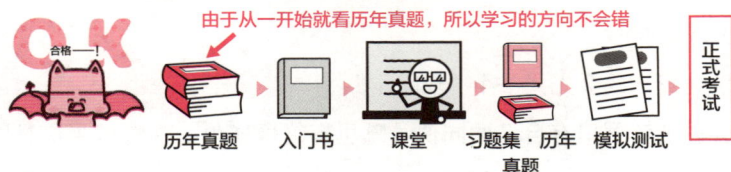

由于从一开始就看历年真题，所以学习的方向不会错

合格——！

历年真题　入门书　课堂　习题集·历年真题　模拟测试　正式考试

📖 做历年真题的时机

到底什么时候开始做历年真题呢？具体来讲的话，有两个时间点。

一是刚刚开始学习的时期。也许大家会感到很意外，当以应试为目的学习时，最先应该做的就是去做历年真题。当然，这个阶段根本不用管能不能解得了题。在这个阶段要做的就是大致掌握考试的科目、考试的形式（选择题型、论述题型等）等考试的方向。这样做可以很大程度上改变之后的学习意识。

二是在输入结束后。在读完参考书或者上完所有课程的时候，剩下的就是到正式考试为止的自学时间了。这段时间是提升自己实力的重要时期。也许你会认为"一上来就要解历年真题怎么可能做得到呢"。的确，第一次尝试的时候可能是完全答不出来的，但是"如果不尝试去解，无论何时都是解不了的"，所以还是尽早地开始重复刷历年真题吧。

历年真题的答案最好都记住。当然死记硬背是不可取的，要记住的是解答的思路。

7 合格体验谈
实际想象一下考试合格的情景

📖 合格体验谈就如同游戏的攻略本

说一个题外话，RPG（角色扮演游戏）的目的是打败终极怪兽，大家是如何玩 RPG 的呢？

如果是我，我会先买一个"攻略本"。

我会去了解哪里有自己的同伙、哪里有终极怪兽、在哪里买道具以及终极怪兽有哪些弱点等，这些都可以在最初的阶段就掌握好，所以这个方法是最快攻克RPG的攻略（当然这并不会让人感到有趣……）。

应试学习和RPG非常相似。为了能在最后的考试中合格，就要在学习的每一天都提升水平。经常做的模拟考试，在RPG中就是终极怪兽。考试，当然是越早合格越好。那么就应该先阅读应试攻略本。

这个应试攻略本就是合格体验谈。合格体验谈是许多人直到合格为止的各式各样的历程，所以对于那些现在开始备考的人来讲，这是必不可少的攻略本。

📖 合格体验谈的获取方法

也许有的人从来都没有看过合格体验谈。虽然根据考试的种类，情况会有所不同，通常情况下很多培训班都会汇集整理这些合格体验谈。如果在培训班找不到合格体验谈的话，可以上网搜，你会发现很多不同的合格者所写的亲身经历的合格体验谈的博客。另外，如果身边有合格者的话，也可以直接找他取经。

合格体验谈是"考试的攻略本"

终极怪兽
正式考试。是怎样的一个属性，难易度如何？

终级怪兽
要通过什么样的小测试才可以呢？

伙伴
如何找到学习伙伴呢？

敌人
如何去提升水平呢？

武器
怎样的学习方法/哪种学习工具才有效呢？

地图
是怎样的一个考试？会面临哪些困难呢？

在学习之前，合格体验谈会告诉你一切！

合格体验谈的用法

在我们入手合格体验谈之后，首先要做的就是"仔细找出共同点"。大家虽然都是合格者，但是学习方法、环境都各不相同，所以，所做的事情也会有所不同。但是，一定能从中找到很多合格者异口同声讲出的共同点。比如，"总之就是基础非常重要！"或者"重复历年真题至关重要"等。像这样的共同点，就是通过这个考试所需的那个所谓的不成文的规则，所以自己也一定要这样做。

在下面这两个时间段，要利用好合格体验谈。一是刚刚开始学习的阶段。为了制订学习计划，需要掌握在什么时期会存在什么样的困难。如果你还没读过，请马上阅读起来吧。二是陷入瓶颈期的阶段。在应试学习中的瓶颈期所指的就是，明明在学习，可分数却一点都没有提升的情况。如果处于瓶颈期，就请读一下合格体验谈吧。合格体验谈中写着他们如何度过瓶颈期的经验，且能帮助你激发斗志。

8 强制速读法
按1分钟读1页的速度阅读

📖 速读能运用到学习上吗

大家有没有想过把速读运用到学习上呢？这种速读能让你以惊人的速度读书，而且读过的内容能牢牢地记在脑子里。我曾经就有过把速读"运用到学习中"的想法。

然而，我阅读了很多与速读相关的书籍，并尝试了视力训练，但结果还是无法运用到我的学习中。实际上，即使是能够速读的人，恐怕也无法将学术性知识收入大脑吧。

📖 强行翻页的"强制速读法"

放弃了速读之后，我依然在不断思考"有没有可以快速阅读教辅的方法"，最终摸索出了"强制速读法"（1P1M法）。

方法其实很简单，就是使用定时器计时，时间到了1分钟就强制翻到下一页。因为是读1页（1 page）花1分钟（1 minute），所以我称之为"1P1M法"。

强制速读的优点就是可以在规定的时间内读完教辅。哪怕是有300页的教辅也可以用300分钟，也就是5小时将其读完。1分钟内读不懂的部分，可以先粘上便笺，之后再好好读。

学习时，不要在意你理解得比较浅薄，一遍一遍地重复多看几遍才是重要的。利用强制速读法就可以在短时间内看完一遍，也可以对整体内容有所掌握。

强制速读"1P1M法"

到1分钟就强行翻到下一页

优点

· 读完300页的书只需要5小时（300分钟）
· 可以防止遇到不懂的就停滞不前的情况
· 可以把握整体

技巧

· 不懂的地方，可以先粘上便笺，之后再读
· 习惯之后将时间从1分钟缩短到30秒

推荐给那些因完美主义而停滞不前的人！

📖 强制速读法的应用

如同前面所讲，强制速读法的基本做法是按照1分钟读1页的速度阅读教辅。除此之外，还有几个应用的方法。

第一个是更加节省时间的方法。那就是并非1分钟读一页，而是30秒读一页。经过多次阅读之后，大脑中会记住一部分内容，这时就可以用短短30秒的时间快速确认内容了。顺便说一句，在参加律师考试前，我是以每页15秒的速度进行阅读的。

第二个是反复做习题集的方法。不仅可以反复进行教辅等的输入，还可以反复进行做习题集等的输出。单纯地强制速读一个只有问题的内容并没有多大意义，要强制速读那些自己已经做过几次，并在自己做错的地方做了标注的"答案解析的部分"。这么做的好处是，输出用的教辅就会变成输入用的教辅，即便不做题也能达到总复习、查漏补缺等效果。

9 预习与复习
在预习上无须花大量时间，但要重视复习

📖 预习与复习的平衡

在上课的时候，预习与复习的平衡非常重要。如果遇到的是经常向学生提出问题，或者是留很多课后作业的老师的课堂，那可能要另当别论，但如果是只需认真听课就可以的课堂，那么按照1小时的上课时间计算，需要安排5分钟的预习时间和3小时的复习时间，这种分配算是平衡的安排了。

至于为什么说在预习上无须花大量时间，那是因为对于还没有学习的内容，难以理解是正常的，而且效率也会很低。

培训班和学校的讲师的工作就是根据考试的趋势，通俗易懂、张弛有度地讲解教科书和课本上的内容。所以如果不先听这些，学习效率就会很低。

📖 预习时要做的事情

预习5分钟要做的是标记项目。关于标记，我会在第3章第2节中进行说明，重点是在章、节、标题等处做标记，而不是在正文处做标记。即使不理解文本内容，也可以机械地做标记。

另外，通过标记项目，更容易了解下一堂课要学习的内容，以及讲的内容具体在什么位置。也可以由此避免不知道自己正在学什么的"迷路状态"。

确认学习项目只需要5分钟，在上课之前我们只需做好这一点就可以了。

预习、上课、复习的时间分配及要点

5分钟	1小时	3小时
预习	**上课**	**复习**
（要点） 没有必要在预习上花太多时间	（要点） 认真听课，做好笔记	（要点） 认真复习
（理由） 在预习阶段，即使看了也没法理解。为了有效上课，只需做好标记。	（理由） 和老师聊天等内容是增强记忆的好机会。为了提高课堂效率，要不断地记笔记。	（理由） 上课的内容是连贯的，好好复习之后迎接下一堂课。保证自学的时间才是关键。

📖 上课时要做的事情

上课时要好好记笔记。不仅要记下讲师强调的内容，讲师所举的例子以及闲谈的内容等都要记下来。要按照自己的方式去加工教辅，把它加工成世界上独一无二的学习资料。

并且，只听一次课。虽然线上的课程可以反复视听，但是重听课程是一种被动的学习，而且还费时间，所以听一次就可以了。

📖 复习时要做的事情

复习时，结合自身情况安排就可以。举个例子，我一般上完一堂课后，会整理一个记忆树，然后做一些课堂同步的练习题，就过渡到下一堂课了。当然，不画记忆树的情况下，就要仔细阅读并理解教辅后做相关的练习题，并确认好考点会以何种形式出现后，再进入下一个环节。

第 2 章

加工教辅和笔记

1 教辅裁剪法 …… 裁剪教辅的3个好处

2 一元化法 …… 摘要不要分散保管

3 记忆树 …… 笔记要写得立体

4 小纸条法 …… 将自己不擅长的内容整理到小纸条上的技巧

5 打印目录法 …… 通过目录能准确地理解体系，避免「无效学习」

6 ○×加工法 …… 在教辅中标记○×

7 涂色加工法 …… 图表要用有色铅笔涂色

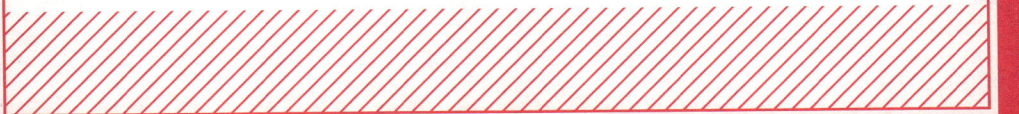

1 教辅裁剪法
裁剪教辅的3个好处

📖 教辅就是用来"裁剪"的

学校和培训班发的教材（教科书），自己买的参考书等，大家是不是保管得完美无缺呢？

其实，教辅等资料没必要特意维持"书"的状态（装订成册）来使用。为什么这么说呢？因为有一个叫"教辅裁剪法"的划时代的学习方法。

方法很简单，先把教辅的书脊的胶合部分拆开，用打孔器打孔，再用活页夹夹住就好了。

这是一种称为"教辅裁剪法"的加工教辅的方法。如果说教辅裁剪法改变了我的生活，那可是毫不夸张的。

📖 为什么要裁剪教辅呢

裁剪教辅的好处是，首先可以实现一元化管理。而一元化的重要性会在下一节（第2章第2节）进行介绍，通过裁剪，可以将课件和打印件以及自己的笔记夹入教辅中。这是一个最重要的优点。

其次就是方便携带。携带几百页的教辅是非常沉重的，但是经过裁剪之后，就可以很轻松地摘取出一部分，然后可以"今天只拿这部分走"了。

最后是可以避免翻看时必须用手压住页面的麻烦。一般的教辅翻看时如果不用重物压住或者用手按住的话就会合上，可是裁剪之后就可以避免这个麻烦。

教辅裁剪前与裁剪后

裁剪前 → → 裁剪后

NG

不好——!

- 又厚又重
- 没法夹课件等资料
- 不用手按着就会合上

OK

合格——!

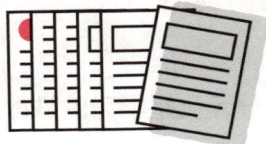

- 可以拆开，所以便于携带
- 可以夹课件等资料，进行一元化管理
- 不必用手按着也可以翻开

2 一元化法
摘要不要分散保管

📖 一元化是学习的铁律

不是把资料分开管理，而是整合在一起，这就是"一元化"。教辅、课件、抄写板书的笔记本，如果将这些分散保管的话那是最糟糕的。如果学习资料保管得过于分散，最终只能看教辅了。总而言之，与学习相关的资料要整合到一处，这是学习的铁律。

一元化管理的方法之一就是上一节中说明的教辅裁剪法。由于裁剪之后，可以不断地夹入相关的资料，自然而然地实现了一元化。

📖 一元化的最终目标就是创造宝典

那么，最终要一元化到什么程度呢，理想的状态就是一个科目只有一册的输入教辅和一册的输出教辅。

输入教辅慢慢就会汇集成为包罗万象的教科书或者教辅。不仅会包含讲义和课堂笔记，错题解析等信息也都会汇集到这一个册子里。像这样，自己整理并一元化的输入教辅称为"宝典"。"只要读这一册就能完成这个科目的学习"，不正是宝典吗。

输出教辅也要一元化。需要反复做的习题集等教辅，要在上面不断写入"这个问题的关键是？""为什么这个问题做错了？"等内容。这个一元化的教辅需要在考前消化掉。

"一元化法"是学习的铁律

教辅

摘要

一元化教辅

不断汇集成宝典

习题集

模拟测试

只需反复看
这个宝典!

📖 最终发挥威力的就是一元化的教辅

　　一元化的教辅尤其在考试临近前会发挥其威力。由于在输入教辅中汇集了自己学过的所有内容，所以理解消化这一册就可以达到总复习的目的了。输出教辅也和对于考试极其重要的历年真题一样，可以起到查漏补缺的作用。

　　利用之前所讲的强制速读法，将这些一元化的输入教辅和输出教辅，在考前进行一遍又一遍的理解消化，就能完成最后冲刺阶段的学习了。

📖 只需把一元化教辅带到考场就可以

　　进入考场时，大部分考生经常会带很多教辅，这就是一元化失败的证据。

　　只需把一元化教辅带到考场就可以。带的东西越多，越消耗考试当天的体力，这是非常不利的因素。

3 记忆树
笔记要写得立体

📖 传家之宝"记忆树"

好吧，接下来就来介绍一下记忆树，它可以说是我的传家之宝了。记忆树是一种组织知识的方法，在中间写上一个主题，其他的章、节以及文本的关键词等相关的知识就像树枝、树叶那样伸展下去。这与所谓的"思维导图"几乎相同，但我称之为"记忆树"。

我可以向你保证，在我遇到这个记忆树之后，它改变了我的人生。直到高考，我都是在漫无目的地学习，但进入大学后，我遇到了记忆树，也因此通过了注册会计师的考试。

然后，我心想（简单）"只要画记忆树，说不定就能通过司法考试?"，于是把司法考试的所有范围都做成了记忆树，结果真的通过了司法考试。记忆树的效果就是如此出众，请大家一定要尝试一次。

📖 对大脑友好的学习方法

记忆树可以说是"对大脑友好的学习方法"了。或许很多人会认为记笔记以及在活页本上写东西的时候应该"从上往下写才行"。但是，在画记忆树时要把主题写在中间，并从中间开始向枝叶伸展下去。

人的大脑其实并不是从上往下记忆文字的，根据被称为突触的神经构造，大脑的记忆被认为是放射状的，而记忆树就像是大脑的构造。

📖 记忆树的优点

记忆树除了对大脑很友好之外还有其他的优点。它非常适合把握整体内容。在应试学习时，了解考试科目的教科书、教辅的整体情况以及构成的各章节的内容非常重要。而记忆树可以把总结整个章节的内容收纳到一张纸上，所以想掌握科目以及整个章节非常便利。

它非常适合理解层次。记忆树的中心部分写主题，之后根据层次延展章、节、正文内容。这意味着画记忆树就可以自然而然地理解层次了。

记忆树就是这种可以同时达到"理解整体"和"理解层次"目标的工具。

📖 记忆树的制作方法

那么，如何制作记忆树呢？其实只需要机械地画下来就可以，所以谁都可以制作。其实，画记忆树已经成为我的一种习惯，即使这样，我每画一个记忆树平均大概需要3个小时的时间。下面就来说说包含参考时间在内的制作顺序吧。

第一步　理解教辅：约25分钟

首先，要理解并消化需要写入记忆树的那部分内容。大部分情况，就是总结成一个"章节"的内容。像这样把一个章节做成一棵记忆树，就会很平衡。

在理解消化时需要注意"在这一章中都有哪几节，哪些是本章节的关键词？""哪一节的内容特别丰富？"等事项，并在头脑中构思应该"写在白纸的什么位置？"

实际上这个理解消化的过程是最重要的一步，很大程度上决定了完成后的记忆树的质量。

记忆树的制作方法

1 写好主题（科目）

主题

2 把章（或者节）的名称写到标题处

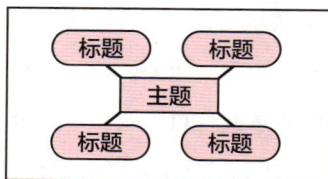

标题　标题
主题
标题　标题

4 装饰（主干加粗）

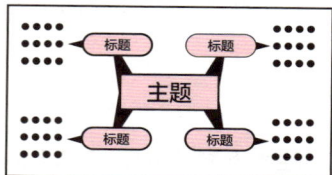

标题　标题
主题
标题　标题

3 写上文本的关键词

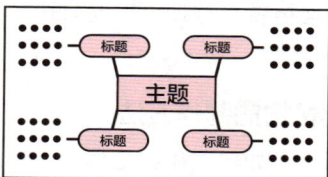

标题　标题
主题
标题　标题

第二步 写：约2.5个小时

如果已想好要写的内容，接下来按照所想的写出来就可以了。刚开始的时候可能会不太习惯，总之沿着"文本的层次"写下去就可以。此时，暂且不要考虑记忆树的美观程度。

第三步 装饰：约5分钟

都写出来之后，剩下的就是最后的加工了。这个装饰实际上决定了记忆树的美观。主干的部分是中心，要画得粗一些，越是走向枝叶的部分就越细。当然，也可以把每一节都用不同的颜色区分开。另外，加上插图和图表也是可以的。这样记忆树就完成了。

📖 制作完记忆树之后

经常有人会将记忆树误解为用来"记忆"的工具，但其实它是用来"理解"的工具。通过这样写可以整理思路，但只写一次还是没法记住的。

　　不过，做好的记忆树一定要妥善保管，以便于日后反复翻看。就这样，整体内容和理解层次的部分就会被牢牢地记在脑中。

　　另外，记忆树相当于自己大脑内部的映射，所以使用他人做的是没有意义的。也就是说，自己制作才是至关重要的。

4 小纸条法
将自己不擅长的内容整理到小纸条上的技巧

📖 制作一个小纸条

在考试中绝对不可以打小抄，这一点大家都很清楚。

有一个方法很有效，那就是制作一个叫打小抄纸片的东西。要把与考试相关的所有资料都带进考场的话，从分量上讲是不可能的。所以，把那些到最后都没背完的，但是考试中出现的可能性较高的内容写到小纸条上的方法是非常有效的。我把灵活运用了这种方法的学习法叫作"小纸条法"。

📖 小纸条法的厉害之处

如果真的要打小抄的话，就像前面所讲的那样①把到最后都背不下来且②考试时出现的可能性高的内容写到卡片上。这个①和②的观点非常重要。

为什么这么说呢？那是因为这些内容正是自己的薄弱之处。所以就把这些自己薄弱部分的知识整理到容易携带的一张纸上。这时候要省略掉不必要的信息，还要尽量少用句子多用图等。

像这样完成的小纸条，可以说是高效总结的"自己的薄弱点笔记"。

不过，还是要再次强调一下，考试中打小抄是绝对不允许的。

📖 整理到纸条上的重要性

可以不用"小纸条法"这个名字，"总之将知识整理到一张纸上"的学习法是非常值得推荐的。

因为将教材上好几页的讲解内容浓缩在一张纸上，就可以把握整体内容

小纸条的制作方法和使用方法

制作小纸条的技巧

- ☐ 选择自己薄弱的部分
- ☐ 选择可能在考试中出现的部分
- ☐ 制作一个"只要有了这个小纸条"就能通过考试的笔记
- ☐ 紧凑地整理在一张纸上

正式考试时的用法

- ☐ 利用考试前的间歇时间看整理好的笔记（小纸条）
- ☐ 减少正式考试时携带的物品

原来如此！

正式考试

想起来了！

了。另外，这样整理可以减少分量，整理的知识也就更紧凑了。

整理到一张纸上的资料，就是精华部分，要保管好它，可以在模拟测试和考试前再看一遍。但是，纸张数量增加到一定数量之后，就与学习的铁律"一元化"自相矛盾了。因此，在达到一定的数量之后，就有必要将其夹到资料夹中，或再想其他办法让其一元化了。

将知识整理到一张纸上的技巧就是要把自己薄弱且可能会出现在考试中的内容提炼出来。请大家一定尝试去做一下小纸条吧。

5 打印目录法
通过目录能准确地理解体系，避免"无效学习"

📖 目录是有魔力的一页

令人意外的是，大家比较容易轻视前面部分的"目录"。每本书的前面都会有目录页。

目录可以说是能够看到整个文本内容的具有魔力的一页。"都有哪些章节？""下面的层次结构中有哪些项目？"以及"总共有多少页？"等这些内容都可以通过目录来掌握。

📖 打印目录

那么，我们是不是就应该熟读目录呢？并非如此。即便是把目录全都记住了，知识也没法印刻在脑海中，更不会与考试的得分直接挂钩。

目录要打印出来使用。可以将目录贴到办公桌前，或者把它收纳在书桌上的透明文件夹里。这虽然与学习铁律的一元化相违背，但还是要从教辅中分离出来。

在应试学习中避开"不知道自己现在所学的是哪个部分"这样一种"迷路状态"是至关重要的。将目录放在眼前，这样可以随时进入一边看地图一边爬山的状态，也就可以避免"迷路"。

然而，有的目录有好几页，这种情况就需要在缩减目录方面下功夫了。

📖 为什么说理解层次很重要

有了看目录的意识之后，你就能看到学习的全貌。与此同时还会帮助你

利用"打印目录法"避免无效学习

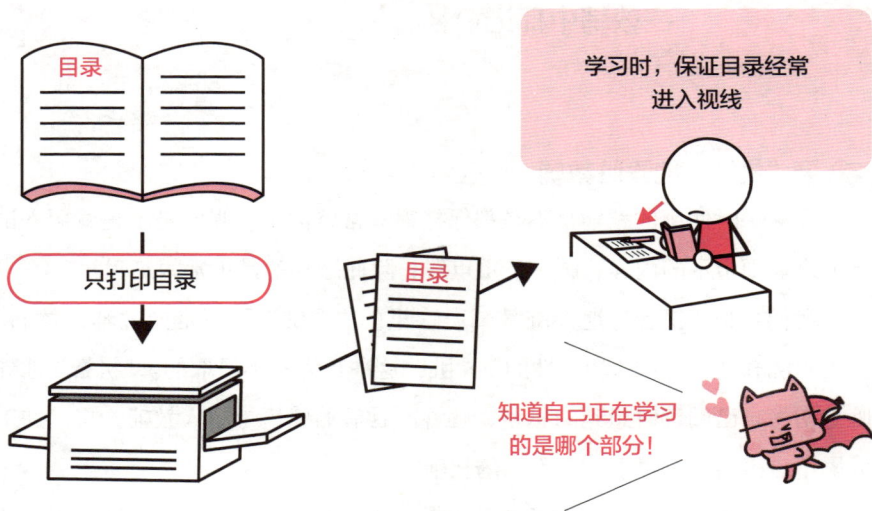

目录

只打印目录

目录

学习时，保证目录经常进入视线

知道自己正在学习的是哪个部分！

理解层次。

那么，为什么理解层次非常重要呢？

所谓理解层次，就是理解"章→节→（1）→A"这样的知识结构。市面上出售的教材都是有层次的，章与章是同一层次的知识，节与节是同一层次的知识。如果是同一层次的知识，就有可能掌握这些知识的相同之处和不同之处。

充分理解层次，就能像把握整体一样避免"迷路状态"。

当陷入迷路状态时，所学的知识就会成为散乱的状态，出现在考试时就会陷入"嗯？这是哪部分的知识呢？"这种困惑的状态。如果能够理解层次的话，就会像了解在哪座房子、哪个房间、哪个抽屉那样，已经整理得非常清晰且充分理解了，那么作答时也就不会出现答非所问的情况了。

6 ○×加工法
在教辅中标记○×

📖 要"机智"地弄脏教辅

大家平时使用的教辅是不是都保持得非常整洁干净呢？是不是就用来记培训班老师指示的内容、画一下重点线，除此之外就是正常阅览呢？

我们可以"机智"地弄脏教辅。这里的"弄脏"可不是向教辅洒饮料、让雨水浇教辅这样的"物理性的"弄脏，这种行为是不可取的。"机智"地弄脏是指将自己阅读时想到的思路、解答问题后的感悟等写入教辅，将其加工成属于自己的、世界上独一无二的教辅。

为了能多记住一些，为了能多获得一些学习的成果，请不断地加工你的教辅吧。

📖 巧用○×，帮助你快速理解

"○×加工法"是在阅读教辅时使用的方法。如果教辅中出现"……的时候成立""……的时候不成立"这样的内容，就在上面分别标记上○×。

因为相比认知文字，我们人类的大脑认知图形的速度更快（例如路标使用的不是文字而是图形），所以应该不断地进行形象化处理。

除了○和×的标记以外，还可以自己制定一个规则区分使用。我自己在出现"但是"这样的逆向说法的连接词的地方会用△圈起来，出现"……的时候"等条件词语时，就像（……的时候）这样用小括号括上。

○×加工法

原来的文本

因用人单位的责任导致停业的，用人单位应在停业期间向劳动者支付平均工资60%以上的停工补贴。停工补贴请求权，若在可以行使的5年内不行使，就会因时效而失效。

文字太多会让人感到小困惑

用○×标记后的文本

因用人单位的责任导致停业的，用人单位应在停业期间向劳动者支付平均工资60%以上的停工补贴。停工补贴请求权，若在可以行使的5年内不行使，就会因时效而失效。

图形相对于文字更加直观，更加容易理解和记忆！

7 涂色加工法
图表要用有色铅笔涂色

📖 用图表高效记忆

将文字的知识转化成图表的形式记忆的效果会更好。如果只用文字罗列出来的话，就很难分清哪些部分是共通的，哪些部分是不同的。

因此，当教辅中出现图表时就要记住它们，如果教辅中没有图表的话，自己就找出文中的共同点、不同点并制作成图表后再记忆。制作成图表后，就可以通过在纵横轴上寻找共同点来减少无用信息，提高学习效率。

如果会使用Excel，那就多用Excel制作图表吧。不仅做出的表格好看，修改起来也很方便。

📖 可以提高记忆效率的"涂色加工法"

即便有了整理好知识的表格，想要记住表格里的内容，仍然还是要记住那些罗列的文字，所以有必要再提高记忆的效率。

这个时候，就可以利用有色铅笔"涂色加工法"了。把共同的项用同一种颜色涂上，哪些部分和哪些部分相同，哪些部分和哪些部分不同就一目了然了。虽然也可以使用马克笔区分颜色，但是马克笔有一个缺点就是难以擦除。而推荐的彩色铅笔，不仅可以用橡皮擦掉，而且还容易自己控制颜色深浅。

涂色加工法

| 原图表 | 用涂色加工法涂成不同颜色后的图表 |

制度的对比	制度1	制度2	制度3
起源	A	B	A
目的	B	D	D
项目①	C	A	B
项目②	A	A	C
项目③	B	B	B
原则	C	B	A
例外X	C	A	A
例外Y	A	C	A
补充	B	B	C

制度的对比	制度1	制度2	制度3
起源	A	B	A
目的	B	D	D
项目①	C	A	B
项目②	A	A	C
项目③	B	B	B
原则	C	B	A
例外X	C	A	A
例外Y	A	C	A
补充	B	B	C

看上去要记的
东西非常多

把握好共同点，就能够
更高效地记忆图表

📖 用好颜色有助于提高学习效率

提高学习效率的方法不仅有刚刚所讲的涂色加工法，如果能用好颜色也能提高学习效率。

学习时不要只用一支自动铅笔，自己可以给不同颜色赋予不同的意义（即制定一个规则）区分使用。

作为运用颜色的方法，也许你会感到意外，用颜色区分"科目"也能提高学习效率。例如，红色代表现代文学，蓝色代表数学，黄色代表化学。按颜色对科目进行分类后，每个科目使用的文件和活页夹的颜色都是标准化的。

这样一来，就可以缩短查找文件的时间，比如用手机上的学习软件（第5章第5节）等的时候，就可以按照科目进行管理了。

即使在做总结笔记时，也不要单一地都用黑色文字，使用不同颜色区分开的话，就能在记忆中留下"是用那个颜色总结的"这样的一个痕迹。

巧用文具

1 橙色笔加工法
让你擅长答题卡式考试中○×题型的技巧

📖 应对答题卡式考试的最强学习法

世界上有各种形式的考试：记述类型、论文类型、口述类型和答题卡类型……

在这些类型中，答题卡类型的考试应该是最常见的一种吧。就因为这种类型的考试容易评分，所以它被用于各种考试。

在这种情况下，就需要根据不同的考试形式改变学习方式了。如果是答题卡类型的考试，答题时就不需要亲自书写文字或数字了，换一种说法就是"只要能判断○×就好"。

其实，我就很擅长答题卡式的考试。我在参加答题卡式的考试时一定会使用的学习方法就是"橙色笔加工法"。

📖 用橙色笔加工题目

橙色笔加工法就是用橙色笔来加工自己平时用的习题集中的"题目"的方法。

我们面对答题卡式的问题时，一般会先解题，得出自己的答案（理由），然后再看解析理解题目。但是，这种大多数人都采用的普通的学习方法，会造成问题部分和解释部分"二元化"。事实上，这是一个重要的问题。因为这样就违反了学习的铁律——"一元化"原则。

因此，为了提高学习效率，在题目处标注简单的解析内容，这样一来，就能瞬间明白哪里是题目的关键点了。这种方法非常有效。

📖 橙色笔加工法的好处

首先，告诉大家"为什么要加工题目？"，这是为了之后便于"快速反复"看习题集。做过的习题还需反复去做，而如果每次都去读那么长的题目就很浪费时间。所以，如果能把题目简明扼要地概括出来就非常方便了。

接下来讲讲"为什么要用橙色笔？"，那是因为用橙色笔写出来的文字用红色胶片纸盖住时会消失。如果用黑色笔的话，在刷第二遍时就能看到答案了。因此推荐大家用橙色笔。

这个方法的厉害之处在于，最后只需要阅读用橙色笔加工过的题目，就可以把习题集当作"输入教材"来使用。通过读取就可以知道文中的正确/错误之处了。

考试不是以课本的形式，而是以问题的形式出现的，所以，在考试前再看一遍橙色笔加工过的习题，这样的学习方法是很有效果的。

2 巧用记号笔
能够清晰整理内容和重要程度的标记法

📖 标记方法千差万别

几乎所有考生在备考时都会使用记号笔。每个人使用记号笔的方法都不一样，大家在使用记号笔时有讲究吗？

关于标记的方法，如果能建立一个自己的标记规则，那么原来只有黑色的枯燥无味的文本就会一下子变得清晰易懂了。接下来给大家介绍我认为有效的标记方法吧。

📖 平木太生式标记法

首先说说应该"使用几种颜色"吧，用五色记号笔。这5个颜色的使用方法分别是，重点部分用黄色，记忆部分用绿色，对比以及区分不同情况的部分用蓝色，标题用橙色，疑问用红色。黄色和绿色的用法大家比较容易想象。

蓝色是用于对比和区分不同情况的，如果有"A的情况……""B的情况……"这种描述时，就用区分不同情况的蓝色画出下画线。另外，在类似列举5个例子的部分也用蓝色标记出来。这样做的话，就会凸显出对比的部分，阅读的效率也会提升。

橙色是画标题的颜色。出现"第○章"以及"（1）……"等部分时，就用橙色涂上或者画出下画线。不给正文而是给标题上色，可以帮助你避开"不知自己现在正在学的是哪一部分"这样的一种迷路状态。

红色用于提出问题的部分，它可以让问题或疑问等变得非常醒目。

📖 标记的技巧

制定了标记规则，并按照规则标记之后，就能通过颜色来理解教辅的内容了。接下来介绍一些更加详细的标记技巧吧。

首先，是画线的方法。上面也做了一点介绍，但是，下画线也是可以分成将笔横过来让线很粗的画法和将笔立起来让线很细的画法。可以通过此种画法给一个颜色赋予两种意义。

另外，画线的时候要尽量用格尺来画。因为这种画法不仅让画出的线好看，而且用格尺画线的速度也更快。

但是也要注意不要做过多的标记。因为标记的目的是画重点，而标记做得过多，那么就不知道究竟哪里是重点了。

综上所述，我们需要将记号笔的颜色规则化，并通过标记重要的部分来把握整体情况，这是非常关键的。

3 蓝色笔专注法
用好不同的笔可以提高成绩

📖 蓝色笔可以集中注意力

平时学习的时候，大家都用什么颜色的笔呢？我使用的是蓝色油笔（或者可擦笔）。是的，既不是黑色也不是红色，而是蓝色。而且，用的不是自动铅笔，而是圆珠笔。

有一个非常有名的说法，那就是"人们在看到蓝色的时候会变得冷静且注意力更集中"。与此相反，"当人们看到红色的时候会变得热情且活跃"。如果是这样的话，那就没有理由不把它用于学习了。我平时做笔记的时候就经常刻意地使用蓝色笔。

📖 使用四色笔

不仅在使用蓝色时有这样的规则，而且在使用其他颜色的笔时也要制定自己的规则。上一节已经介绍过了记号笔的使用方法，而对于平时使用的笔，我是这样区别使用的。

平时做笔记时用的是蓝色。在文本的空白处写下备忘内容以及解题时都用蓝色，而重点处用红色。讲师强调的内容笔记以及错过多次的部分都用红色显著地标注出来。除写答案以外，基本用不到黑色。

这3个颜色是比较常用的，第4个颜色就是绿色了。绿色是"兴趣（爱好）的颜色"，用于讲师的闲谈以及当时所想到的内容等，想到什么就写什么。事实上，这个绿色很重要，一个看似随意的绿色备忘录，却是我们记忆的线索，能让我们回忆起课堂的内容。

📖 做课堂笔记的技巧

分别定好不同颜色的意义之后，就要在课堂上做笔记了。做笔记的技巧有两个。

第一，要尽可能多做笔记。讲师强调的内容自然不必说，比如讲师的杂谈以及举的例子，甚至包括讲师开的玩笑都要做笔记（用绿色的笔）。总之，上课要不断地做笔记，以便在复习时，我们能回忆起各种各样的信息。

第二，在哪里做笔记也是有讲究的。基本上左侧空白处写"考试信息"，右侧空白处写"课堂内容"。所谓考试信息，指的是讲师提示"这个是易考点"的部分，以及"过去考试时出现过的题"。如果讲师已告知重要等级，那么就按讲师所提示的等级做好标记。在左侧记下考试信息，在右侧记录课堂内容，这样就可以区分开了。

备考时，由于复习时间比上课时间更重要，所以，为了达到高效复习的目的，在做笔记的方法上下功夫是很重要的。

4 巧用红色胶片纸
用红色胶片纸遮住答案一边解答一边记忆

📖 如何活用红色胶片纸

学习时使用红色胶片纸很高效，这是一种非常经典的学习方法。将红色胶片纸（红底）放在教辅上面时，橙色的字就看不见了，而且用深绿色涂色的地方就会变成黑色，也看不见了。前面讲到的"橙色笔加工法"也是使用这张红色胶片纸的方法之一。

📖 为什么使用红色胶片纸学习会高效

如果问"为什么使用红色胶片纸好呢？"，这是因为在备考学习中可以轻松实现重要的输出。如果只是单纯地读课本，就如同一味地向大脑塞入知识一样，即只是在做输入。人的记忆容易出错，所以，仅仅通过读课本是很难正确记住知识的。

如果用橙色的笔和红色胶片纸遮住答案，或者用红色胶片纸将涂成深绿色标记的（涂色部分）课本部分隐藏起来的话，就需要回忆起这部分内容，所以也就起到了一定的输出作用。能够如此便利且轻松地让人输出的文具可不是那么容易找到的。

使用红色胶片纸时，如果可以的话，最好还是在笔记本等地方写下隐藏部分的内容。只是在脑海中回想用红色胶片纸遮挡的部分，然后去掉红色胶片纸后确认答案，这样的方法虽然效率很高，但还是推荐写下来，也就是输出，以便更有效地记忆知识。

使用红色胶片纸的一个示例

原来的文本	用深绿色笔画线的文本	再用红色胶片纸遮挡后的文本
1.权力分立 所谓权力分立，是指抑制因权力集中于单一机关而导致的权力滥用，通过权力的区别、分离和各权力相互间的抑制及均衡，保障国民权利和自由的体系。	1.权力分立 所谓权力分立，是指抑制因权力集中于单一机关而导致的权力滥用，通过权力的区别、分离和各权力相互间的抑制及均衡，保障国民权利和自由的体系。	1.权力分立 所谓权力分立，是指抑制因权力集中于单一机关而导致的权力滥用，通过████和各权力██████，保障██████的体系。

记忆的时候，不知道在应该记忆的地方做标记

应该关注哪个部分可以轻松地进行输出的练习

📖 利用红色胶片纸时的注意点

红色胶片纸是一个非常有效的学习工具，但是也有几个需要注意的地方。

有必要确认使用红色胶片纸的学习方法是否符合以合格为目标的考试倾向。把教科书的重点部分用绿色标记，然后用红色胶片纸盖住，这种做法的确可以轻松达到输出的目的，对于填空题很有效。但是，你即将要参加的考试，确实有很多填空题吗？如果考试中并不怎么出现填空题的话，这种学习法可能就有些多余了，所以需要注意。

红色胶片纸用多了，会对眼睛造成负担。我在应对答题卡式考试的时候是用橙色笔加工，然后再用红色胶片纸盖住问题并回答的方式学习的。但是，一旦用久了，眼睛就会发酸。虽然视力并没有受到影响，但是会给眼睛带来负担，所以要注意红色胶片纸的过度使用。

5

用好记忆卡
记忆卡的制作及使用方法

📖 记忆卡还是非常便利的

有一种由来已久的经典学习方法，效果非常好，那就是记忆卡（单词卡）。就是把问题写在前面，把答案写在后面的那种。

记忆卡的神奇之处在于你可以非常轻松地进行输出。记忆卡对于记忆知识非常有效。

📖 记忆卡的制作方法

提起记忆卡，最常见的用法就是正面写着英语单词，背面写着日语。不仅仅是语言学习，其实记忆卡适用于任何应试学习。接下来就介绍一下它的制作方法。

首先，要确定在记忆卡上记的内容，而这个内容要限定于"必须要背下来的知识"。如果记忆卡的数量过多，想全部记下来是不可能的。所以，一定要提炼出考试的重点内容。

其次，一个科目只制作一个记忆卡。如果一个科目有好几个记忆卡的话，会让人意志消沉。而如果一个科目只有一个记忆卡的话，就会产生"只要记住这个就能合格了"的想法。为了将内容放进1个记忆卡中，我以前经常把100张一个的记忆卡和另一个100张一个的记忆卡合在一起使用。

最后，制作记忆卡时也要充分利用好颜色和图形。如果都是日语，是很难记住的，所以，可以使用记号笔标出颜色或用○（圆形）或□（方形）将内容圈起来。

📖 记忆卡的高效用法

我非常珍惜自己做的记忆卡。由于记忆卡是自己亲手做的，且相信只要记住卡里的内容就能顺利通过考试，所以绝对不会扔掉。

当你有空时应该随时拿出来翻看。由于记忆卡的大小正好能用一只手拿着，所以携带非常方便。上下班、上学放学的路上、吃饭时、在医院排队等待的时间等，都可以放到口袋里随时拿出来翻看。

对于正面有题、背面有答案的记忆卡，不必重复"看正面问题→思考→看背面答案"的过程。"看正面问题→看背面答案"这样就可以了。这种做法虽然达不到输出的效果，但是从复习知识的角度来讲，还是很有效果的。在路上学习（称作"边走边学法"）时，放声朗读记忆卡是很有效果的。据说一边活动一边朗读可以促进血液循环，所以更容易记住。如果在路上翻看几十遍、几百遍记忆卡的话，记忆就会不断地加深。

6 便笺的用法
区分使用大便笺和小便笺

📖 规定便笺的使用方法

便笺（便利贴）是许多学生使用的一种文具。人们如何使用便笺真的是因人而异，只要能建立自己的规则，就没有什么问题，不过还是想向大家介绍一下我的终极用法。便笺主要有两种类型，我们要区分使用。

一种是大便笺，可以写入一定量的信息。

另一种是小便笺，因它的形状细长，不适合记大量的笔记。小便笺有透明的什么都写不了的，也有纸质的可以写少量内容的。大便笺和小便笺的用法是不同的。

📖 大便笺的用法

大便笺用于记当日要背下来的内容。将测试中错误的部分整理到正面，当有必须好好记住的内容时，就把内容写在大便笺的正面，然后粘到桌子前面。

这样一来，当天就能看很多次这个便笺，所以也就能慢慢地记住了。

然后，当天快结束的时候就要把贴在书桌前的大便笺摘下来粘到笔记本上。于是，这个笔记本就会贴满自己认为必须背下来的便笺。

是的，这样就可以轻松得到一个只属于自己的"薄弱知识点"了。在考试之前，如果回头再看看这个薄弱知识点，自己需要背的内容就一目了然了。

📖 小便笺的用法

对于小便笺，我会根据不同的颜色区分使用。

先说说黄色便笺。黄色便笺用于"考试之前（或者是考试当天）要看"的内容。在学习中，虽然相比"死记硬背"而言"深度理解"是更重要的，但是无论如何都会出现无法用道理来说明的情况，必须死记硬背的知识。这个时候就贴上黄色的便笺。然后在考试当天，就用手机拍下有黄色标签部分的内容，并在休息时间快速记忆。这样做，考试当天需要携带的物品就可以缩减了。

再说说红色便笺。红色便笺用于那些"读过却仍不解其意的内容"。应试学习的技巧在于不懂的地方就跳过去，然后快速重复多看几遍。所以，在不懂的地方就贴上红色便笺，等什么时候理解了再撕下去就好了。这也许会让大家感到意外，虽然我通过了多个考试，但这些红色便笺到最后依然剩下很多。可以说，这个红色便笺也是让你不要成为完美主义者的便笺。

7 贴墙学习
有效利用我们的生活空间

📖 把学习内容贴在墙上

学习并不是只在书桌上进行的，也并不是只有使用教辅和笔记才可以进行的。携带几个记忆卡，在路上学习的方法很重要，如果再进一步讲，有效利用"空间"也是很重要的。

有一种被我称为"贴墙学习"的方法。贴墙学习的意思正如其名，就是把笔记贴到墙上学习的方法。在走过或者发现它的时候，就看看贴在自家墙上的笔记。过目多次就容易记忆，有些之前没能理解的部分，在某一天突然就可以理解了。

贴来贴去，我老家的墙被我贴满了学习笔记。除了学习的书房，厕所、楼梯、浴室里都贴满了笔记。虽然多少会给家人带来不便，但也算是个让家人理解自己在全力以赴地学习的好机会。

📖 贴墙学习的技巧

贴墙学习时，要把自己无论如何都记不住且不擅长的表格，或者是那些考试中非常重要的知识点，大大地写在活页纸上或者便笺上，再贴到墙上。

需要注意的是，字不要写得太小，可以使用签字笔大大方方地写上。不用每天看得特别仔细，写得大一点，便于吸引眼球就好。

在哪儿都能做的"贴墙学习"

卫生间

浴室

墙上

天花板

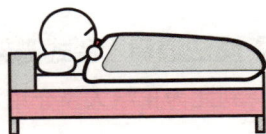

创造随时都可以看笔记的环境，自然而然地就会记住笔记！

8 台式谱架的使用方法
台式谱架可以变成魔法道具

📖 魔法道具"台式谱架"

到此为止给大家介绍了各种各样的文具，接下来要介绍的东西有些不太一样，那就是特别想介绍给大家的这个台式谱架。

是的，就是那个演奏乐器时使用的放置乐谱的架子。不是特别大的，而是可以放在桌上的小型的谱架。

📖 使用台式谱架的好处

台式谱架的好处有很多。

它可以防止肩膀僵硬。大家在学习的时候有没有遇到过肩膀僵硬、腰酸背痛的情况呢？

事实上，肩膀僵硬和腰酸背痛是因为读书时长时间低头看书，姿势不对，给颈椎和肩膀造成压力所致的。使用台式谱架的话，视线就不会"向下"而会"向前"，姿势就会变得端正。为了尽可能长时间且没有压力地学习，就有必要改善坐姿。

使用谱架之后，桌面就会变得整洁。书桌上平常会放有课本、笔记本、铅笔盒、饮料、纸巾等乱七八糟的物品。杂乱的书桌=杂乱无章的知识，所以这不是一个好的学习环境。使用谱架可以减少放置资料的空间，还可以保持桌面整洁。

在进行"动笔的学习"时，谱架的使用率不高，但进行"阅读"的学习时，在桌面上放上谱架的话，不但可以端正坐姿，还可以让桌面变得整洁，

台式谱架的使用效果

面朝下的学习姿势

使用谱架后面朝前方学习的姿势

教辅

谱架

低头学习会给肩部和
腰部增加负担

▼

无法坚持长时间的学习

使用谱架面朝前方的学习姿势，
不会给肩部和腰部造成负担

▼

可以进行长时间的学习

请大家一定要尝试一下。

📖 和其他的学习法并用

使用谱架的学习方法，与本书中介绍的其他学习方法的兼容性非常好。

例如，之前所讲的教辅裁剪法。如果把教辅放在台式谱架上使用，书很容易合上，如果不借助夹子等工具就很不方便。但如果把裁剪过的教辅归档在活页夹中，那么翻页就很方便了。

它还兼容前述的1P1M方法。1P1M法是1分钟阅读1页的方法，所以基本不用动笔。将教辅放在谱架上，每分钟翻1页，就能在毫无压力的情况下进行高效学习了。

最初你或许会在意周围人的看法，但是台式谱架会给你带来事半功倍的效果，所以不必多虑，请一定尝试一下吧。

有效记忆

1

没有理解的记忆有害而无益
单纯的记忆就是浪费时间

📖 没有理解的记忆有害而无益

世界上有很多记忆法。在本章中，向大家介绍一下我认为有效的记忆法。但是，在学习详细的记忆法之前，希望大家一定了解一个思维方式。

那就是"没有理解的记忆有害而无益"。我也是从一个培训班的讲师那里学到这个思维方式的，但真是不管学什么，最终都离不开这个思维方式。

提起应试学习，好多考生的观点是"总之要背下来"。但是，应试学习的目的可不是去参加一个记忆力比拼大会。

应试学习的关键在于良好的"理解"。在理解的基础上，做到可以将理解的内容向大家进行说明的"记忆"才是应试学习的目标。

📖 为什么说死记硬背有害

备考时，最终把所有的知识点背下来是非常重要的，且需要具备最基本的记忆能力。但是"死记硬背"是有害的。

为什么这么说呢？因为死记硬背下来的东西是无法实际应用的。即便是单纯地把知识背下来了，也会因为不理解"为什么变成那样？""哪里是重点？"，而在考试中做出无用的回答。相反，如果是充分理解后记下来的内容，就不会出现这种情况了。

所以，请马上丢掉"学习=记忆"这种想法吧。

没有理解的记忆有害而无益

×死记硬背（没有理解的记忆）　　　　○深度理解（理解后的记忆）

对方发一个变化球
就打不中了

即使对方发一个变化球
也可以击中
（没必要打出本垒打）

📖 记忆的本质

在经过长时间的学习，通过了各种考试之后，我才明白什么是记忆（如果称其为"背诵"的话，就偏重于死记硬背的意味了，所以我称其为"记忆"）的本质。记忆的本质是"理解+重复"。

要充分"理解"。要认真地着重去理解"为什么会变成这样的一个制度？""为什么会推导出这样的法则呢？"等。比如，数学的公式就不能凭单纯的记忆，哪怕花些时间也要学会如何推导出公式，这样才是实用的。

对理解的内容进行多次的重复。我和大家其实都一样，不是一次就能够记住的天才。都需要经过几十次、几百次的反复之后，才能让大脑意识到"这个知识非常重要"，而后使其留在记忆里。

所以要理解，并且不断地重复。这样才能达到对答如流的理想的记忆状态。如果达到这种程度，即便出现应用题也可以灵活应对。

2 艾宾浩斯遗忘曲线
复习要间隔一段时间，而且要早起就做

📖 艾宾浩斯遗忘曲线

人类是无法做到看一次就把知识记住的，所以需要多次重复的复习。那么，复习应该何时进行，又应该进行多少次呢？

作为对这个问题的回答，有一个著名的研究结果——艾宾浩斯遗忘曲线。

虽然这是一项略显陈旧的研究，但却是心理学家赫尔曼·艾宾浩斯对人类记忆结构的研究成果。他让受试者记住无意义的音节，并量化他们随着时间的推移忘记了多少。结果可参考下页的图表。

这个图表被称为艾宾浩斯遗忘曲线。根据这项研究，即便是人们已经记住了的内容，也会在20分钟后忘掉42%，在1小时后忘掉56%，而在1天之后会忘掉74%。

📖 人是健忘的生物

我们要从艾宾浩斯遗忘曲线中学到"人原本就是健忘的生物"这一点。

或许在学习的时候，你经常会因为"为什么昨天明明记住了，可现在却忘掉了""做了多少遍了，到现在仍然会错""自己的记忆力怎么就这么差"等而感到悲观。其实，完全没有必要如此悲观。因为无论是谁都会在1天之后忘掉74%。所以，重要的是，要清楚遗忘是不可避免的事情，要懂得在如何做才能不易忘记的问题上下功夫。

艾宾浩斯遗忘曲线

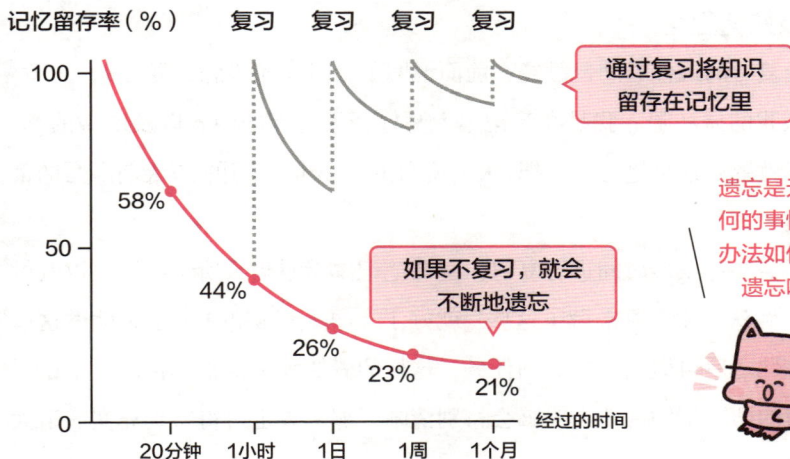

记忆留存率（%）　　复习　复习　复习　复习

100

> 通过复习将知识留存在记忆里

58%

50

> 如果不复习，就会不断地遗忘

44%

> 遗忘是无可奈何的事情。想办法如何避免遗忘吧！

26%

23%

21%

0

经过的时间

20分钟　1小时　1日　1周　1个月

📖 复习的时间

通过艾宾浩斯遗忘曲线，我们还可以发现其他东西。那就是"应该在什么时候进行复习"。

根据艾宾浩斯遗忘曲线，虽说我们可以看出，人的记忆力没什么了不起的，但也常听说"通过彻底复习，可以提高记忆的留存率"。也就是说，通过在合适的时间进行彻底的复习，最终还是可以记得住的。

关于合适的时间，著有各种学习方法书籍的日本著名的脑科学家池谷裕二先生的《可以使任何人成为天才的脑结构和科学学习方法》一书里面写着"1天、3天、7天、21天、49天"。也就是说，逐渐放宽复习的间隔时间是最容易记住的。

至于为什么是这些天数，我并没有完全理解。

既然是权威的科学研究人员所提倡的方法，就少一些托词，照着做吧。

085

我按照前面讲的天数试行的结果，的确让我感觉到记得牢固了。

应该如何复习

关于复习的最佳时间，已经在前面说明了，可又应该怎么复习呢？

谈谈我的做法吧。我是在笔记本上写好当天上课的内容以及所做的题，早上起来就翻开这个笔记本，把1天前所写的、3天前所写的、7天前所写的都复习一遍。

并不需要花太多时间进行复习，翻开笔记本看看当天所学的课文以及做过的题，确认一下"原来做了这些"就好了。早上最初的1个小时就做这些复习，在此之后再做当天定好的任务，这样的做法我觉得很不错。早上第一时间复习的话，不知为什么头脑会特别清晰，那一天也过得特别充实。请大家一定尝试一下。

安慰剂效应

如果是一位知名的研究人员所讲的，那么，基本上都会有足够的证据支撑，即使万一证据不足，也可以期待"安慰剂效应"（实际上使用的药物即便不含有效成分，只要本人深信不疑地持续喝下去也会有疗效的一种现象）。如果你认为"这个人的学习方法不错"的话，那就照着做吧，即使从客观的角度分析没有效果，但也会提升学习成果。

看着日历备忘录进行复习

1月

星期一	星期二	星期三	星期四	星期五	星期六	星期日
1	2	3	4	5	6	7
				49日前		
8	9	10	11	12	13	14
15	16	17	18	19	20	21
22	23	24	25	26	27	28
29	30	31				

2月

星期一	星期二	星期三	星期四	星期五	星期六	星期日
			1	2	3	4
				21日前		
5	6	7	8	9	10	11
12	13	14	15	16	17	18
				7日前		
19	20	21	22	23	24	25
	3日前		1日前	今日		
26	27	28				

只要在日历上记下所做的内容，
就可以按照艾宾浩斯遗忘曲线进行复习！

3

记忆的黄金时间
睡前5分钟，记忆力超群

📖 注意容易记忆的时间段

大家知道有一个容易记忆的时间段吗？"早晨刚起床的那段时间吗？""午饭后的那段时间吗？""还是晚上的时间段呢？"

其实，据称最容易留在记忆里的时间是"睡前5分钟"。这个时间段被称作"记忆的黄金时间"。

虽然仅仅只有5分钟，但在这个睡前5分钟记忆的内容会随着睡眠一起由"短期记忆"变为"长期记忆"。

实际尝试之后，我很惊讶地发现，睡前5分钟记忆的东西，过了六七小时之后的早上起来还记得。如果有这样的黄金记忆时段，那就没有理由不把它应用到学习中。

📖 有效利用记忆的黄金时间

记忆的黄金时间只有区区的5分钟，想要做大量的记忆是不可能的，所以，我们一天记一个内容就好。

具体方法是：①需在睡前背下要记住的定义、论证、英语等（记忆方法可以是记忆，也可以是写在笔记本上）；②在背完的状态下马上睡觉；③早上醒来的时候，就把前一天晚上记住的东西记在笔记本上。这种方法非常有效。这样做的好处就是，从短期记忆转变为长期记忆的知识就可以被牢牢地记住了。

睡前绝不碰智能手机。因为那会让好不容易记下来的东西付诸东流。

有效利用记忆的黄金时间

| 在睡前5分钟记忆 | 不看智能手机
马上睡觉 | 将前一天记住的
内容写出来 |

📖 每天只需5分钟，但至少需要5分钟

我再重复一下，一天只有5分钟的黄金时间。但是如果能坚持365天的话，一年下来就能记住365个知识，可以说是相当大的知识量了，要相信积少成多、积土成山的力量。

不过，虽说是记忆的黄金时间，但也不等于100%都能记住，因为人是健忘的生物，所以也不要过于期待。但是，无论忘记多少次，只要能一遍又一遍地利用各种方法进行反复的记忆，就一定可以形成记忆备战考试。

说得苛刻一点，如果连睡前的5分钟都无法坚持的话，可以说你太不把考试当回事了。无论有多忙、多累，睡前都能够进行5分钟的学习。如果你已经理解了睡前的5分钟是非常容易记忆的黄金时间，那么就应该从那天开始一直到考试结束为止，将每天睡前的5分钟定为记忆的时间。

4

谐音记忆法
利用谐音进行高效记忆

📖 虽说理解更重要……

在前面介绍了"没有理解的记忆有害而无益"这种思维方式。想要记住所有考试范围内的知识是绝对不可能的，所以重视理解、降低记忆量的做法就非常重要。

但是，在学习的过程中，无论如何都会出现只能"死记硬背"的知识，尤其是枚举类型的知识，比如"具有××属性的东西有6个"之类的知识，虽说在一定程度上可以做到理解并记住，但终究还是死记硬背更快。

📖 谐音记忆法

这样一来，就会出现很多死记硬背的东西，这个时候就可以用谐音记忆法了。这是一个经典的记忆方法，是一种通过使用首字母写句子来记住全部内容的方法。

具体应该如何使用谐音记忆法，下面就给大家介绍一下。

例如，学习法律时，会遇到"在被害者同意的情况下，犯罪将不成立"的知识，作为判断标准需要记下"①受伤部位②程度③状态④动机⑤目的"等5个要素。

这种情况就取开头的文字"受、程、状、动、目"❶来记忆。准确的措辞虽然很重要，但是只要记住这5个字就足以写出及格的答案了。

---

❶ 为了便于记忆，可将"受、程、状、动、目"联想成"瘦橙撞动幕"来记忆。

谐音记忆法

需要记忆的内容	需要记忆的内容	需要记忆的内容

① 受伤部位
② 程度
③ 状态
④ 动机
⑤ 目的

▶

① shòu shāng bù wèi
② chéng dù
③ zhuàng tài
④ dòng jī
⑤ mù dì

▶

① 受（瘦）伤部位
② 程（橙）度
③ 状（撞）态
④ 动（动）机
⑤ 目（幕）的

转换成拼音　　**按顺序编一个谐音**

受·程·状·动·目

尽可能地进行形象记忆

📖 玩转谐音的技巧

接下来介绍一下自编谐音的技巧。

首先，提取每个要列出的项目的首字母1~2个，编出谐音。如果编得过长或与项目无关的词语过多，就会阻碍记忆。因此，选择一两个简短而有特色的文字即可。

其次，使句子有趣生动。前面讲过的"瘦橙撞动幕"可能没那么有趣，但其中有很多没法写在书上的有趣段子的谐音。如果能编成一个有趣的段子，是不是更容易记住了呢。

最后，想象一下自编谐音的场景。它不一定必须与你需要记住的内容相关联，但要为你编的谐音赋予意义。借用前面的例子，我们可以想象"一个瘦小的橙子撞向一块屏幕"的场景。

就像这样，自编一个简短、有趣、好记的谐音吧。

5 折返式记忆法
连续3天记忆同一个内容

📖 应该如何反复3遍

在学习的过程中，重复非常重要。我们不能读一次教辅就记住了，也不能做一次题就再也不会忘记，人不是记忆力超强的生物。所以，"教辅至少要反复看3遍"，这是前面已经讲过的。

那么，应该如何反复复习3遍呢？假设你要反复复习3遍50道题，那么你会怎么复习呢？一般来讲，你会从第1题开始做到第50题，然后再回到第1题重新做一遍……直到做完3遍。

但是，其实这种做法并不是一个有效的学习方法。因为在解答完一遍之后，靠前的题通常已经从我们的记忆中消失了。

📖 折返式记忆法

那么，应该如何反复做3遍呢？如果是习题集的话，每3个问题一循环的效果就比较好。说得再具体一点就是，第1天做1、2、3题；第2天做2、3、4题；第3天做3、4、5题，就这样做下去。你会发现你已经连续3天做了第3道题。这么做可以称得上是完美的3循环了。

因为它反复循环着"进两步退一步、进两步退一步"的做法，故称为"折返式记忆法"。还有一种每次都回到第1题的方法，称作"完全折返式记忆法"，但是太费时间了，所以推荐折返式记忆法。

一般的3循环法与折返式记忆法

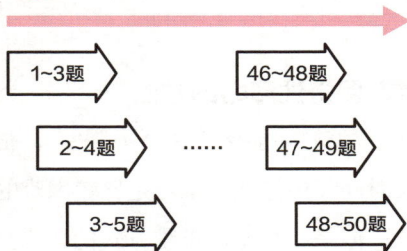

✗ 一般的3循环法

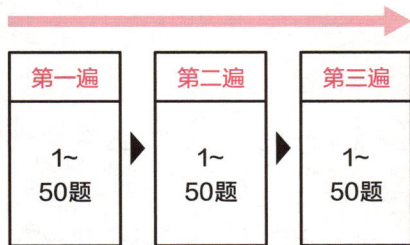

第一遍	第二遍	第三遍
1~50题	1~50题	1~50题

会忘掉前面的题

⭕ 折返式记忆法

1~3题 ...... 46~48题
2~4题 ...... 47~49题
3~5题 48~50题

连续3天做同一道题，
可以加深理解，巩固记忆

📖 折返式记忆法的这一点很了不起

折返式记忆法，真的是划时代的好方法。如果没有使用这个方法的话，我的律师资格证恐怕就拿不到了。

折返式记忆法了不起的地方就在于它可以逐渐地加深记忆。就像之前说的那样，如果是一般的做法，即从最开始一直做到最后，然后再从头到尾做一遍的方法，很容易忘掉前面做过的题。

如果用折返式记忆法的话，就会连续3天做同一道题，那么前一日做错的题，次日还会留存一些与错误相关的记忆，所以，次日还可以根据留存的记忆再次解决问题。可一般人即便连续两天都做同一道题，仍然会忘记，可是这个方法要连续3天做同一道题，所以，记忆就会很深刻。

一旦彻底理解，就会在大脑深处留下深刻的记忆，这种状态非常重要。在那之后，只要定期去看这个问题，就能有效防止记忆退化。

6 番茄工作法
以25分钟为一个单位进行学习，提高注意力

📖 保持注意力的方法

"怎样才能保持注意力呢？"，很多同学经常问我这个问题。的确，要想长时间集中注意力学习是比较困难的。

但是，我想从思维方式的角度出发讲一点，那就是，学习时并不需要一直保持注意力集中。假设有一个一天专注学习3个小时的人和无法保持专注却可以一天学习10个小时的人，那么这两个人中注意力并没有那么集中却可以学习10个小时的人更容易通过考试。所以，别总想找"注意力不集中，学不进去"之类的借口，不管怎样"学就完了"。

话虽如此，有几个可以保持注意力的方法，下面就介绍给大家。不管是哪种方法，注意力不是自然产生的，而是"需要自己创造集中注意力的环境"，这是关键。

📖 番茄工作法

我想给大家推荐的创造集中注意力的环境的方法是"番茄工作法"。做法非常简单：①学习25分钟；②然后休息5分钟；③把①和②组合起来循环做4组，之后休息15分钟左右。

因为它使用了番茄厨房的计时器计时（番茄 = 意大利语中的 Pomodoro）而得此名。

这个方法真的非常简单，把时间切分成25分钟一段。如果是短短的25分钟，谁都可以做到注意力集中，由此，自然就可以增加专注学习的时间了。

番茄工作法

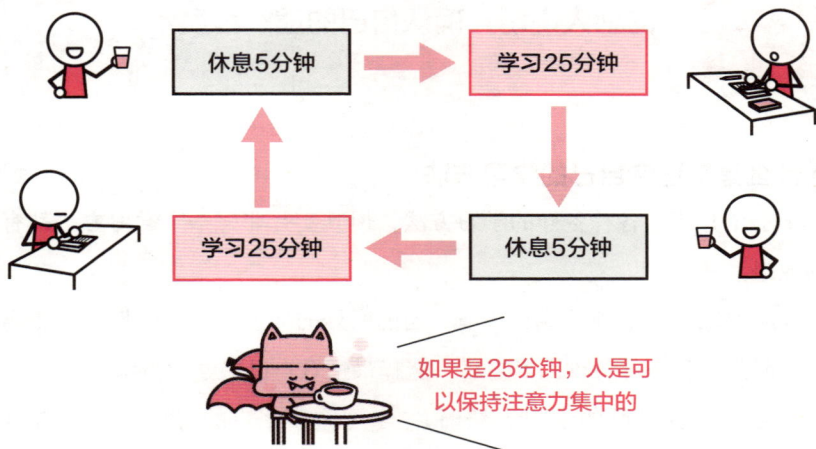

休息5分钟 → 学习25分钟

学习25分钟 ← 休息5分钟

如果是25分钟，人是可以保持注意力集中的

🔖 其他提升注意力的方法

除此之外，还有很多提升注意力的方法。之前介绍过的"蓝色笔专注法"，就是通过用蓝色笔书写帮助集中注意力。

外出时将智能手机留在家中或将其放在储物柜中也很有效。如今，通过智能手机能获取大量的信息，还有很多推送的消息。仅仅一部智能手机就可以让你的注意力下降。特意把手机留在家里，能够让你感受到没有智能手机的生活是多么的宁静。

在食物方面也很有讲究。学习时要通过吃巧克力或摄取葡萄糖保持糖分的摄入，这是基本常识。这是因为缺少糖分，就会阻碍大脑的有效运作。我在应试学习时，每天服用DHA（二十二碳六烯酸）给大脑补充营养。

像这样提高注意力的方法还有很多，但正如我在本节开头所讲的那样，学习的重点不是过于关注注意力，而是要默默地付出努力。

7 学习金字塔
向别人说明，确认自己的理解程度

📖 什么是最适合自己的学习方法

本书中介绍了各种各样的学习方法，但其实并非每一个学习方法都有同样的效果。

你需要综合考虑你的成长环境、当前所处的环境、自己的性格、距离考试剩余时间的长短等各种因素之后，选择最适合自己的学习方法。

在选择适合自己的学习方法时，"学习金字塔"的思维方式非常值得借鉴。

📖 学习金字塔

学习金字塔是美国国家培训学院发表的一项研究，它根据知识的留存率对学习方法进行了分类。下页图就是学习金字塔。

上课、听讲固然是学习的重要环节，但根据学习金字塔可知，这种方式的学习，其知识的留存率只有5%，非常低。

但是，除了听课以外，再结合看课本学习的情况，其留存率能达到10%，演示出来的情况能达到30%，刷题"亲自体验"的情况能达到70%，而向别人讲解之后的留存率能达到90%。

上课、听讲固然重要，但上课、听讲是被动学习，学习金字塔告诉我们应该主动学习。

学习金字塔

学习留存率

讲义	5%	低
读书	10%	
视听觉	20%	
演示	30%	
小组讨论	50%	
亲自体验	70%	
教给别人	90%	高

留意那些留存率高的学习方法

📖 迪士尼学习法

　　通过学习金字塔，我们能了解到"教给别人的学习法留存率最高"。我在备考时所用的方法正是教给别人的学习法。所谓的"迪士尼学习法"，是的，正如"在迪士尼乐园学习"的感觉。

　　我当时的女朋友（现在的妻子）非常喜欢迪士尼乐园。想去迪士尼乐园，可是又不能不学习。在这种情况下，我想出来的办法就是拿一本教辅到迪士尼乐园，利用等待的时间进行学习。

　　女朋友是一个对于法律一窍不通的外行，让她随便打开一页，我就将那个页面的内容讲给她听，要把内容讲得简单易懂且有趣。迪士尼学习法的重点就是，要讲给一个完全不懂的外行听，如果自己不了解本质上的东西，是无法准确地向对方说明的。

　　由于迪士尼学习法是留存率高的学习法，所以推荐给大家。

8 走着学
边走边朗读，一石二鸟

📖 边走边学

我在备考律师资格考试时，每天大约学习17个小时，我经常被人问道"学习那么长时间，你是怎么做到的"？

其实这17个小时，并不是坐在桌子前学习的时间，而是包含了利用碎片时间学习在内的总计。能不能有效利用时间，会直接影响学习的成果。

推荐大家一种可以利用碎片时间学习的方法，尤其可以利用上下班以及上下学等的时间学习——"走着学"的学习方法。"走着学"正如其字面意思，就是边走边学。只要是边走边学，其实学什么都可以的，但是，我想推荐的是朗读记忆卡。

📖 走着学的效果及注意事项

由于边走边学时可以充分调度五种感官参与学习，所以非常容易记住学习内容。

据说相比单纯地坐在桌子前学习，一边活动身体一边学习可以促进血液循环，激活大脑，更有利于大脑记忆。

而且，通过朗读，比仅用眼睛看课本多调动了听觉，所以对加强记忆更有效。

在此想提醒大家的一点是，过于专注时会存在安全隐患。一旦沉迷于朗读记忆卡，可能注意不到汽车和红绿灯，所以，边走边学时一定要注意安全（我曾经多次遇到过危险）。

走着学

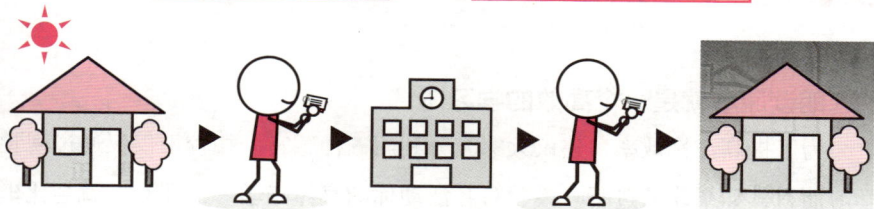

| 去的时候走着学30分钟 | + | 回来的时候走着学30分钟 |

1天1个小时，一年可以学习365个小时！效果真的棒极了！

📕 记忆卡片 × 走着学

走着学的各种做法中，我还是推荐使用记忆卡。记忆卡的制作方法已经在前面的章节介绍过了，关键就在于要把需要记忆的内容按照一个科目一个记忆卡整理好。如果"这个科目需要记忆的内容全都整理在了这个记忆卡里"，那么学习的范围就很明确了。

并且，这么说也许会让大家感到意外，在翻看记忆卡的时候，不要想太多（不用那么仔细地思考问题的答案），一页一页地自然翻看就好。

不要想着"要记住"它，而要想着"为了今后能记住，先在大脑中留下记忆"，大致翻阅就可以了。

按照这个方法一天看一遍记忆卡，那么7天（也就是1周）就可以把7个科目学一遍，1年的时间就可以把全部科目（7个科目）学习52遍。

之后，再花点时间好好背，记忆就会更加牢固了。

9 耳塞朗读法
朗读水平更上一层楼

📖 朗读原本就是一个高效的学习法

为了提高记忆效率，建议大家充分利用五种感官。相较于仅仅通过视觉学习而言，如果能通过听、摸、写和活动你的身体来学习，那么，就会比坐在学习桌前阅读文字的学习记得更加牢固。

其中就有一个基本且经典的学习方法"朗读"。大声朗读不仅是一种视觉学习，由于它要在视觉基础上发出声音，而你又要用耳朵听到自己的声音，所以还要利用听觉。虽然用眼睛阅读速度更快，但大声朗读更容易记住。

📖 朗读的独门诀窍就是"耳塞朗读法"

其实有一个在朗读时使用的独门诀窍。那便是称为"朗读时戴上耳塞"的方法。或许你会认为："啊！你不是说过利用听觉朗读会记得更牢固吗！戴上耳塞那还有什么意义呢？！"

那么，请有这种想法的各位戴上耳塞朗读一下试试。戴上耳塞朗读会是什么感觉？其实戴上耳塞也能听到自己发出的声音。声音即便不经由耳朵也可以通过振动直接传达给大脑。通常，朗读时声音会通过耳朵传到大脑，但是戴上耳塞后，声音就会直接通过振动传达给大脑。

这个耳塞朗读法，是我从医学部的学生那里学到的方法，据说是有医学根据的。你就当是被骗了一次，尝试一下如何呢？

朗读的独门诀窍"耳塞朗读法"

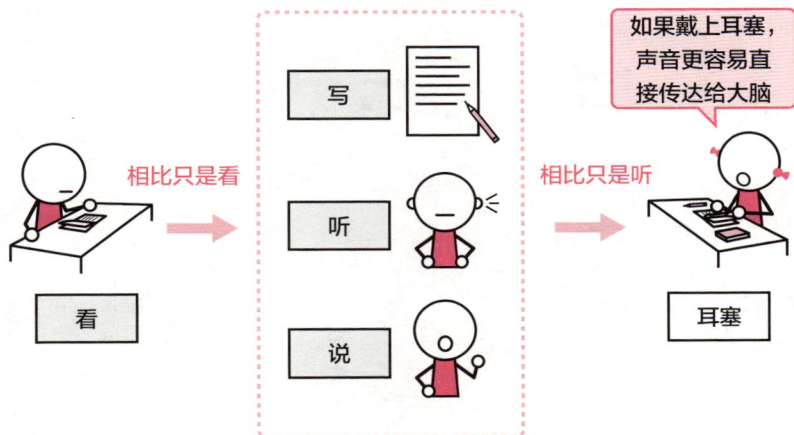

相比只是看

相比只是听

如果戴上耳塞，声音更容易直接传达给大脑

写

听

说

看

耳塞

📖 莫扎特学习法

与耳塞朗读法略有不同，还有一种使用耳朵的学习法，叫作"莫扎特学习法"。这个"莫扎特学习法"可不是吃的那个"莫扎"❶，而是一种一边听着莫扎特的背景音乐"钢琴曲"一边学习的方法。

而听莫扎特钢琴曲提高注意力却是有实际研究报告的。这个莫扎特学习法对我而言是很有效的一种学习方法。

早晨起来学习的时候，我一边听着莫扎特钢琴曲一边学习，享受着一个清爽、优雅的早晨，而且我发现我的注意力提高了一大截。

我个人觉得不放背景音乐更容易集中注意力，但如果想播放音乐的话，还是推荐大家听莫扎特钢琴曲。

---

❶ 日语里的莫扎特的莫扎读为motsu，与日语单词motsu读音相同，而motsu的日语意思是动物内脏料理。——译者注

第 5 章

营造学习环境

1

分段睡眠法
1天可以获得两次黄金记忆时间的睡眠法

📖 睡眠不是敌人而是盟友

学习的过程中，难免会有昏昏欲睡的时候。学习看起来像与昏昏欲睡作斗争，感觉睡眠就是学习的"敌人"。

但是，睡眠其实是学习的"盟友"。人是通过睡眠来整理记忆并将短期记忆变成长期记忆的，所以，我们必须保证充足的睡眠。所以，"昏昏欲睡的时候就要睡"，这是一个基本且重要的态度。

偶尔放眼望向自习室，就能发现有的人在昏昏欲睡的状态下坚持学习。但是这样的学习也只能算是给人一种我学习了的感觉而已，并不能真正地学进去，也绝对不应该这么做。

前面介绍过"24小时−睡眠时间＝学习时间"这样一种思维方式，也意味着唯有睡眠时间是不能够节省的。

📖 什么是分段睡眠法

前面已经介绍过，人类有一个容易记住的时间段，即记忆的黄金时间，也就是睡前的5分钟。了解了这段黄金记忆时间后，我设计了分段睡眠法。这个方法是基于这样的一个想法：既然睡前5分钟是最佳记忆时间，那么每天睡两次，岂不是可以创造一天两次的黄金记忆时间了。

做法也非常简单，假如一个人一天睡6个小时的话，分成晚上睡3个小时，白天睡3个小时，就这么简单。这样就可以获得两次记忆的黄金时间了。

分段睡眠法

采用分段睡眠法之后……

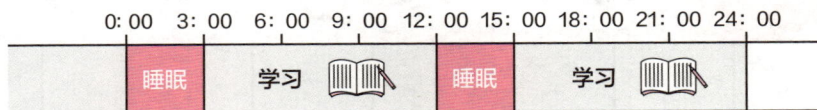

| 0:00 | 3:00 | 6:00 | 9:00 | 12:00 | 15:00 | 18:00 | 21:00 | 24:00 |

| | 睡眠 | 学习 📖 | 睡眠 | 学习 📖 | |

第一个黄金记忆时间　　　　第二个黄金记忆时间

一直采用分段睡眠法，好像做不到啊……

① 1月★ ② 2月 ③ 3月 ④ 4月 ⑤ 5月★ ⑥ 6月 ⑦ 7月 ⑧ 8月 ⑨ 9月★ ⑩ 10月 ⑪ 11月 ⑫ 12月

📖 下决心采用分段睡眠法的月份

📖 分段睡眠法的注意点

我实践过分段睡眠法，对其效果是有切身体会的。虽然如此，但对于人类来讲有必要保持一定时长的睡眠。我个人的情况是，采用分段睡眠法的月份与没采用分段睡眠法的月份各占一半。把自己的身体状况放在首位的前提下，在合理的范围内尝试一下如何呢？采用分段睡眠法时，就要好好利用黄金记忆时间，无论是睡前还是醒来后的时间都要用于记忆。

📖 不要过量摄入咖啡因

再补充一点关于睡眠的问题，我发现有些学生过量摄入咖啡因。除了喝咖啡、能量饮料，有的学生还喝咖啡因药片。咖啡因是会上瘾的，一旦习惯了效果就会变弱，所以不要喝太多。

困了就睡。我的建议是最好在考试前期等关键时期摄取咖啡因。

2 3点起床学习法
凌晨3点起床学习

📖 凌晨3点起床的好处

当我使用分段睡眠法时，我是在凌晨0~3点以及下午0~3点之间（3小时×2＝总共6小时）睡觉的。上一节我讲了分段睡眠法的好处，而凌晨3点起床学习的好处是无法估量的。

凌晨3点起床学习的最大好处就是你的专注力会大幅提升。凌晨3点起床的时候，肯定会很困，但是用冷水洗完脸后，你会发现学习时注意力特别集中。凌晨3点的时候，大部分人都在睡觉。外面漆黑一片，静悄悄的。在这种环境下，你再播放莫扎特的音乐，就会有种"这个时间起来学习的可能只有我自己吧"的感觉，由此你的注意力会更加集中。

📖 1天可以轻松学习10个小时

我在前面也提到过，在我参加律师资格考试的那段时间，我每天大约学习17个小时。很多考生会说"我可做不到""9个小时是我的极限"，并找我探讨这个问题。

我对这类考生提出的建议是凌晨3点起床学习。如果你凌晨3点起床开始学习到中午，那你相当于学了9个小时。如果上午你已经学了9个小时，那么，哪怕你下午再怎么玩，再怎么睡，也能轻松完成一天10个小时的学习。

我希望考生成为早起的鸟而不是夜猫子的理由也在于此。

凌晨3点起床的好处

安静的环境有助于提高注意力

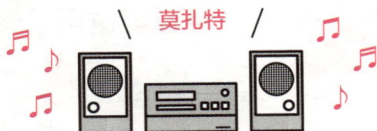

莫扎特

早上播放莫扎特的音乐可以让心情变得优雅，有利于提高注意力

3:00

上午的活动时间变长，这样可以增加学习时间

感觉度过了非常有意义的一天，学习的动力也增强了！

📖 "沉浸式学习"

这虽然和凌晨3点起床的学习方法没有直接关系，但我喜欢"沉浸式学习"这个词。如果真想考出好成绩，就应该把学习放在第一位，就应该把生活中的一切都和学习联系起来。

比如，平时看新闻时，要思考"这个新闻和我的学习有什么关联？"；进入便利店时，要想着"有没有和自己学习相关的图书呢？"，抱着这种想法去图书区域。可以说一年365天、一天24小时都要想着学习的事情。有个词叫"吸引力法则"，就是要持有强烈的"合格"的意识，这样就会吸引与合格相关的信息，最终会顺利通过考试。

有时，人会被各种各样的自己感兴趣的事情所吸引，而不能专心备考。但是，既然决心全力以赴备战考试，那么就应该以学业为重，其他的自己想做的事情都放到通过考试之后做，这才是明智的选择。因为我觉得考试合格之后才能发自内心地享受快乐。

3 浴缸学习法
在浴缸里也可以做到的学习方法

📖 在浴缸里也可以学习

正如我在本书中多次提到的，学习不仅仅是坐在书桌前做的事情。上下班或上下学的路上或者吃饭时，甚至洗澡时都可以学习。不过泡澡有放松的作用，所以你可以选择这时专注于放松，而不去刻意学习。

关于如何在浴缸里学习，我也有过很多尝试和错误。如果带进纸质教辅，会被弄湿，所以比较难办。但最终还是找出了各种学习方法，下面给大家介绍几个。

📖 推荐在浴缸里学习的方法

①侧重于听力的学习

泡澡时，没法写笔记、读课文，所以，在这种情况下可以利用耳朵学习。找一些侧重于听力的教辅，在浴室播放就可以了。没必要准备防水音箱之类的，只要把手机放入防水收纳袋里，然后放到不会被水弄湿的地方就可以了。这样一来，洗头和洗身子的时候就可以边听边学习。

②使用防水笔记本

还可以使用防水笔记本。购买一个户外用的防水笔记本，用油性笔在防水笔记本上写下自己要背的知识，然后在洗澡时背诵。这个笔记本不要扔掉，而要把它贴在浴室的墙上，这样第二天可以继续使用。

可以在浴缸里学习的方法

1 通过聆听获取学习知识

2 在防水笔记本上写下需要记忆的知识并背诵

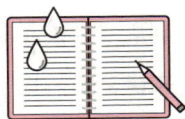

3 读旧书或湿了也没关系的参考资料

③读旧的参考书

已经旧到不会再看的参考书，或者已经买了新的、不再需要的旧参考书，这些即便湿了也没有问题。将这种旧的参考书带入浴室，放在浴盖上阅读，这也是个有效的学习方法。有些漫画爱好者好像就是用这种方式阅读漫画的，这个学习方法可以说借鉴了他们的做法。

📖 边刷牙边学习

无论什么时间都应该用在学习上，出于这种想法，我把刷牙的时间也用在了学习上。

我在刷牙的时候所做的事情是，把记忆树的照片放到平板电脑里，以每3秒看一张的速度播放学习。我把律师资格考试的考试范围的知识都做成了记忆树，总共是250张，以3秒钟1张的速度浏览，每天花少于10分钟的时间进行复习。这不仅能防止蛀牙，还能复习整个考试范围，可以说是一石二鸟。

4 活用自习室的方法
在家以外的地方学习的技巧

📖 应该在哪里学习

到底"应该在哪里学习好呢？"，对于考生而言这是个重要的问题。从结论来讲，虽然属于个人喜好，我列举了5个需要考虑的要素。

①**位置**。虽然说在路上也可边走边学，但是可以边走边学的东西还是受限的。所以，要尽可能选择离家近的地方，上下班或上下学路过的地方是适合学习的地方。

②**费用**。家里、学校的教室、培训班的自习室、图书馆等基本都不用花钱。但另一方面，咖啡馆和付费自习室是要花钱的。而如果在咖啡馆的话，即使按照每天500日元计算，30天也要15000日元，这样一算，付费自习室反倒更划算。

③**使用时间**。如果你在家以外的地方学习，通常会有固定的开始和结束时间。设施的开放时间是需要考虑的重要因素。

④**可否寄存行李**。学习所需的课本等东西会很重，每天带着大量的东西来回走，会白白消耗体力。尽量选择有储物柜等能寄存物品的地方。在收费自习室，如果是固定座位的话，通常可以寄存物品（注意被盗），这样可以减少时间的浪费。

⑤**安静**。座位的周围是否有人，是否是正在备考的学生，是否允许聊天，这些是必须确认的。毕竟，想保持注意力集中，还是要选择安静的地方学习。

学习场所的评价

	家	学校以及培训班的自习室	图书馆	咖啡馆	付费自习室
位置	◎	○	○	○	○
费用	○	○	○	× 每次都需要花钱	△ 支付固定费用
使用时间	○	△ 可利用时间短	× 可利用时间短	△ 可利用时间短	○
可否寄存行李	○	有不可寄存的时候	不可寄存	× 不可寄存	○
安静	△ 根据家庭环境	○	△ 可能会吵	× 很吵	○

如果能保证注意力集中，就选择在家里；如果金钱上有富余的话，推荐去付费自习室！

📖 推荐的学习场所

　　如上所述，选择学习地点时，需要考虑很多因素，而我推荐：①自己家；②学校或培训班的自习室；③付费自习室。尤其是①和③，这些环境可以帮助你节省时间，长时间学习，且能保持专注力。

　　相反，作为学习场所不推荐的是咖啡馆。我经常看到有人在咖啡馆学习，但学习时间很短，最多3个小时，这种环境很容易让人分心。

📖 卷帘门学习法

　　如果你想利用培训班或者付费自习室，那么"卷帘门学习法"是值得尝试的。卷帘门学习法是在这些地方开门时（卷帘门升起），在卷帘门前等待，伴随着卷帘门开启的同时开始你的学习的方法。

　　令人惊讶的是，有很多学生都在用卷帘门学习法，你可以在等待卷帘门开启的时间结交一些非常积极向上的朋友。

5 利用好智能手机
智能手机是把"双刃剑"

📖 没有理由不使用智能手机

学习方法也会随着时代的变化而发生巨大的变化。过去的记忆卡都是写在纸上的，而如今使用记忆应用程序就能简单地制作一个了。

有的时候文本和摘要还会以PDF文件的形式发下来，有的学生甚至完全不使用纸质资料，全都保存在智能手机或平板电脑里面完成所有的学习。由于学习方法也会随着时代的变化而变化，所以，便捷的东西就积极地利用起来吧。

📖 当心智能手机成瘾

如果使用得当，智能手机是对学习有益的，但要当心智能手机依赖症。有很多考生无法专心于学习，就是因为他们的注意力总是在社交网络上。我曾经有段时间玩手机成瘾，后来我通过以下方式摆脱了它。

使用消除智能手机成瘾的应用程序。这是一个非常有趣的用智能手机解决智能手机成瘾的应用程序，这类的应用程序非常多。我使用的是一款名为"Forest"的应用程序。如果不去碰智能手机，树就会长大，是一个非常有趣的应用程序。

想尽办法借助物理性的隔离措施摆脱手机。比如，学习时可以把智能手机锁在储物柜里，或者故意放在家里等，这些方法都很有效。

卸载掉娱乐类的应用程序。以前我也利用这类应用程序玩益智类的游戏打发时间，后来发现动不动就想去玩儿，无法让自己专心学习，所以，毫不犹豫地卸载掉了。利用娱乐类的应用程序所浪费掉的时间会比你想象的要多。

第 6 章

保持动力

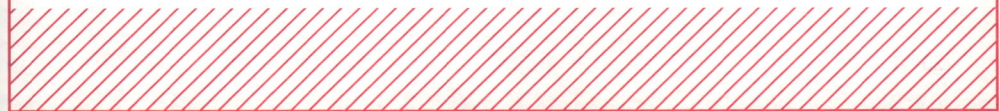

1 保持动力法
不是增加动力，而是保持动力

📖 动力是需要"保持"的

可以毫不夸张地说，关于学习，同学们问得最多的问题就是如何提高学习动力了。本章将介绍如何提高学习动力，但先要了解的是，"保持"动力比"提升"动力更为重要。听起来似乎一样，实则完全不同。

"提升"动力很容易。听听合格考生分享的经验，想一想他们考过后的年收入，读一读这本书的该章节，也会增加你的学习动力。提升动力虽然很容易，但一周后动力估计会降下来。

所以，关键就在于让自己保持动力。说是保持动力，但不必一直保持高度紧张的状态。不管发生什么事，都能够淡然地继续学下去，也就是要保持所谓的"不怕火小，只要火不灭就好的状态"。

📖 没有动力时应该怎么办

说得极端一点，其实根本没有闲工夫说"没有动力"。只要是自己决定要"通过那个考试"而开始学习的，就没有不学习的理由。在你还因为"没有动力"而苦恼时，竞争对手早就在默默无闻地奋力学习了。

不要磨磨叽叽地找各种借口了，赶紧坐在书桌前开始学习吧。虽然话说得有些严厉了，但这是我最想和大家说的。

不是增加动力，而是保持动力

啊啊啊啊！终于有学习动力啦！

加油！

尽力了，也给自己打气了

不知怎么就没动力了……

ZZZ……

过一周动力就会降下来了

慢一点也没关系，一定会进步的

坚持到底！

不勉强自己，淡定地进行下去

有成果了！

自然而然地看到了自己的进步

📖 经常看可以保持动力的名言警句

在本章中，我会介绍一些保持动力的方法，特此，想给大家介绍一下自己特别重视的一段话。

这句话就是 "Sleep now and a dream will come out; Study now and a dream will come true."（现在睡觉，梦就会出现；现在学习，梦想就会实现）。

据说这句话是张贴在哈佛大学图书馆里的著名的20张海报之一（据了解哈佛大学并没有贴这个海报），是不是很鼓舞人心呢？为了能常常看到这个名句，我把这句话贴在我的学习桌上了。当你发现了让你保持动力的句子时，可以将它们设定为手机壁纸。总之建议大家反复地去看它。

哈佛大学图书馆里贴出来的海报会激发你的动力，有时间请大家一定去了解一下。

2 学习成果"可视化"
感受你的成长并保持动力

📖 不要盲目学习

学习是一件特别孤独的事。如果你上课漫不经心，很随意地进行复习，且毫无目的地刷测试题，在这种状态下迎接考试，那么等待你的只能是不尽如人意的分数。

盲目地学习，就如同爬山没有留下自己走过的痕迹，无论如何也感受不到学习的成果，也就是说体会不到自己的成长。

通过"可视化"学习成果，可以帮助你保持学习动力。具体应该可视化哪些东西呢？那就很多了。

📖 需要可视化的东西

首先，就是学习时间。通过记录"当日学习的时间"，可以掌握自己到底学习了多长时间。Studyplus 等应用程序可以有效地可视化学习时间。

其次，就是各种测试结果的可视化。第一次测试的分数虽然很重要，但更重要的是多次尝试后的分数。相较于第一次测试的结果而言，可视化重新测试之后上涨的成绩更加重要。

最后，重复次数可视化也很有效。"对于学习而言，重复做非常重要"，关于这一点，虽然在本书中强调了多次，在这里还是要建议大家将重复的次数记下来。你也可以写"正"字来统计次数，如果连同日期都写下的话就更好了，因为这样还能了解到重复一遍花了多长时间。

122

📖 分色标记复习法

作为可视化重复情况和成长情况的一种方法，有一种称为分色标记复习法的方法。

分色标记复习法是在做习题或做历年真题时，用红、绿、蓝、黑写出解题日期的一种方法。推荐使用 4 色圆珠笔，因为此方法用起来非常方便。不同颜色的用法是：红色 = 完全不懂导致的错误；绿色 = 并不是完全不懂，可还是做错了；蓝色 = 粗心大意导致的错误；黑色 = 没错。颜色越亮的部分，说明越需要复习。

分色标记复习法可以使学习成果可视化，所以除了可以让你保持动力以外，还可以通过判断重要程度来有效地反复复习，例如"只复习黑色以外的所有的内容"或"只复习红色部分"等。在考试前专门攻克错题，可以避免再次出错，那么终究会合格的。所以分色标记复习法可以说是一个非常有益的方法。

3 与竞争对手一起通过考试
应试学习不是个人竞技

📖 竞争对手的存在很重要

虽然到最后考试的时候只能自己一个人去参加，所以从这一点来讲是一场个人赛，但平时的应试学习却可以看作一场团体赛，因为你和你的学习伙伴可以一起努力并互相帮助。

回顾我的学生时代，我在高中、大学和资格考试中都有可以称为"对手"的朋友。对手，有时相互竞争，有时相互鼓励，可以说是取得优异成绩必不可少的因素。

📖 如何找到竞争对手

找到对手的诀窍是找到一个与你有相同目标的人，如果可能的话，最好能力比你强一点。这是因为，如果你怀着"可以赶上并超越对手"的信念继续学习，就能够提高自己的实力。

但是，找到一个竞争对手并不是一件容易的事。或许你身边没有志同道合的人，又或许不擅长交朋友。

要想找到竞争对手，在这个时代，还是应该好好利用社交网络。在我参加律师资格考试时，身边认识的人当中就没有参加的，所以我就通过Studyplus结识了很多人进行学习上的交流。

找个对手的好处可不仅仅是彼此成长。在备考期间结交的朋友，通常在你通过考试之后仍然能保持紧密的联系。通过合格后的近况报告，能进行各种各样的信息交换也是魅力所在。

和竞争对手一起通过考试

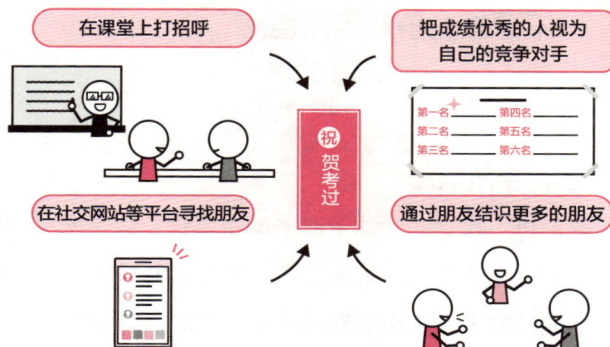

📖 任意设定竞争对手的方法

如果你对于在社交网络上积极结识更多人有所抵触，那么你也可以自己任意地设定对手。方法就是将成绩优秀的人设定为自己的竞争对手。通常，成绩优秀的人会被公布出来。

但是，有很多时候公布的不是考生的名字而是他们的学号之类的，你可以观察平时成绩总是靠前的学生，这样就很容易推断出来了。就拿自己和这些成绩优秀的人比较，只要你随时意识到输赢，那可以称得上是十足的竞争对手了。

📖 与合格人群搞好关系

在备考期间很容易与关系不错的考生们打成一片。这时希望大家注意的是这里有"合格的群体"和"不合格的群体"。如果属于合格群中的考生，那么，基本都能通过考试。相反，如果属于不合格的群体，那么就会相互拖后腿，很难通过考试。

备考的目的就是通过考试，所以，不能按照自己的喜好选择群体，而是竭尽全力地进入合格群。

4 龟兔赛跑故事的教训
不要被竞争对手所蛊惑

📖 不要被竞争对手所蛊惑

上一节，我们讲了设定一个竞争对手的重要性，接下来要讲的内容与此略微相反。那就是"竞争意识不能过强"。好的竞争对手的存在可以达到提升成绩的效果，但是如果过于在意周围的话，有时会降低学习的动力。

📖 龟兔赛跑故事的教训

大家都知道龟兔赛跑的童话故事吧。兔子和乌龟赛跑，谁先跑到山丘上的终点谁就获胜，兔子蹦蹦跳跳跑得很快，而乌龟却慢慢吞吞爬得很慢。兔子跑到快接近终点的地方发现乌龟还远远落在后面，于是就找了一个树荫的地方，睡了一觉。

结果，等兔子醒来后发现，乌龟已经追上兔子到达了终点，就是这样的一个故事。

从这个童话故事中可以得出一个教训，那就是即使像兔子那样跑得快也不能够掉以轻心，即使像乌龟那样跑得慢也应该坚持下去。

殊不知这个童话故事还有可以用到学习中的秘密（背后的教训）。那就是关于"兔子和乌龟所关注的地方"发生了怎样的变化这一视角。兔子一开始是关注终点向前迈进的，可在途中却关注起了乌龟。而乌龟呢，对兔子是否在午睡毫不关心，从开始到最后一直在专注于跑向终点。

这个教训就是告诉我们"不要过于关注竞争对手，而应专注于终点"。这个视角对于应试学习也是非常重要的。

龟兔赛跑

背后的教训
· 兔子关注的是乌龟
· 乌龟关注的是目标

表面的教训
不可掉以轻心

目标

乌龟太慢了，我要休息一下

为了到达终点，需要做的是……

📖 陷入低谷怎么办

再介绍一个当失去动力时需要注意的关键点。那就是"当陷入低谷时应该如何思考？"

你应该这么想："如果你陷入了低谷，那就要'恭喜你了！'。"这是我在备考律师资格考试的时候学到的一句话。这是怎么回事呢？所谓低谷，就是自己预想的结果和现实相背离的状态。也就是说，正因为自己努力了，才希望有好的结果，但是如果没有好的结果，就会陷入低谷。

它意味着"陷入低谷=正在努力"。没努力的人，不会对自己有任何期待，谈不上陷入低谷。所以，陷入低谷时就对自己说"我正在努力，所以一切都会变好"。

陷入低谷时的应对策略就是阅读合格考生的成功体验谈。阅读成功案例，回顾计划，如果你认为自己是对的，那就再接再厉。学习的焦虑只能通过学习来消除。

5 背水一战法+宣布的效果
营造出不得不学习的环境

📖 背水一战法

保持（≠增加）动力的有效方法是"背水一战法"和"宣布的效果"。这两个我都尝试过了，并且取得了很好的效果。

背水一战法，是指将自己置于不得不合格的境地。如果你是上班族，就果断辞职，这样一来如果不及格，就会造成经济、生活上穷途末路的局面。如果你是学生，就下定决心"除了这个第一志愿，不会报其他的志愿"。

我们总是为了维护自尊心而在失败的时候找各种逃脱的借口，人就是这样的一种生物。但是，如果自己堵住"我有工作，没什么可怕的""能考上第二志愿也行啊"这样的退路，就会变成背水一战，从而认真地对待考试。换句话说，就是把自己置身于无法找借口的环境中。

我在备考律师资格考试的时候正在上班，但是学习了大约4个月的时候就辞职成为一个全职的应试考生。这并不是因为过于自信，而是想把自己置身于无法找任何借口的环境中。

📖 宣布的效果

宣布的效果就是，向家人、朋友、上司等自己周围的人宣布自己要参加考试的事情。有时候一些人会隐藏自己正在备考的事情，可以说这也是为了避免万一不及格后自尊心受伤所采取的一种行动。从决定备考的那一瞬间，就向周围的人高调地宣布吧。

背水一战法+宣布的效果

背水一战法

宣布的效果

考不过就是人生的穷途末路！

我一定会考过的，没考过的话就笑话我吧

绝对考过！

人在走投无路时能发挥巨大能量。创造出不得不学习的环境

如果被逼到考不过就丢人的窘境，会拼命地学习了

📖 身边的人会给自己鼓劲加油

面临背水一战或者在宣布之后，可能会对身边人的看法感到不安。

然而，根据我的经验，一开始的时候越是与你亲近的人，越会劝你"为什么要这么做呢？""还是算了吧"。而当你给他们看自己动真格的样子时，他们又会成为支持你的人。他们会从饮食、家务、工作等方面支持你。

当然也有相反的情况，他们可能会对你说"你是做不到的""你怎么这么幼稚呢"之类的话。对于这样的人，你完全可以无视他们。

有些人会随意批判挑战某些事情或与自己作对的人，像这种人根本不敢挑战任何事情，只是羡慕有勇气的人罢了。一定要通过考试，让他们刮目相看。

备考期间，不要一个人孤军奋战，这段期间正是需要身边人提供支持的时候。考试的前一天，一定要向在背后默默地支持你的家人及朋友表示感谢后再去考试。

6

里程碑的设定法
结合测试进行学习

📖 测试和模拟考试是通过考试的指南针

应试学习可以比作登山。在登山运动中，每个人都是从山脚下开始出发，向山顶前进的。但是，有的人可以以最短路径登上山，有的人会绕远，还有的人会在中途放弃回到山下。既然决心要考试，那么就应该找到实现目标的最短的路径。

想要实现这一目标，就需要入手一张靠谱的地图，而地图就是学习计划。"我现在位于地图上的什么位置？""地图真的准确吗？"，要像这样经常一边确认一边学习。登山过程中的确认工作就是日常的测试和模拟考试，它是通过正式考试前的指南针。

📖 迎接考试，全力以赴

虽然真正的考试只有一次，但小测试却有很多次。为了应对每次的测试，都要竭尽全力地学习。

如果测试有规定的范围，那么就猛攻那个范围，一定要把它当成真正的考试对待。为什么要这样呢？那是因为人们的大脑一到考试前就会为了补充不足而提升记忆力。所以，不要在考前慢慢地扩充知识，而要将测试当作"一个里程碑"（中期目标），在每次测试中不断提高水平。

而且，在测试结束之后（当然是要复习的）把测试过的内容忘掉了也没关系。反正，人就是容易遗忘的生物，记住然后又忘记，经过再次测试重新记忆，像这样反反复复多次之后，能力就慢慢地变强了。

应试学习中的里程碑的设定

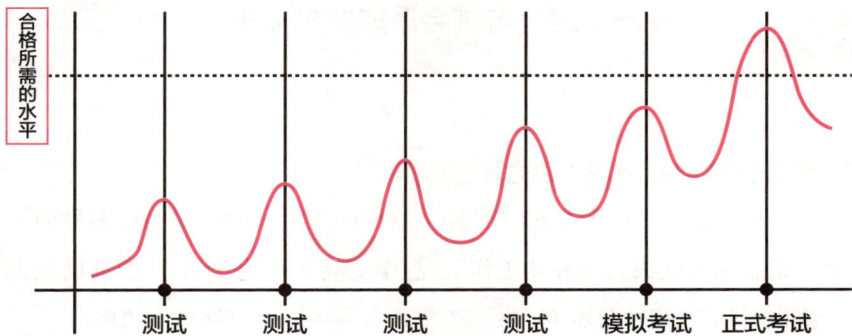

每次测试都全力以赴。
测试过后忘记了也没关系!

📖 不参加测试绝对是不行的

偶尔能发现有些考生不参加测试而只是自顾自地学习。但是,害怕测试,是无论到什么时候都无法成长的。总之,为了测试拼命地学、不断地犯错并不断重复之后,最终才能记住所学的内容。如果不进行通过测试解题的练习的话,无论何时都不知道如何正确地解题。

📖 测试后的复习方法

测试之后的复习是必不可少的。如果不知道测试中错在哪里了,那么测试的意义就会减半。复习的方法虽然根据测试内容有所不同,但是推荐大家把错题集中整理到教辅里或者整理在答案解析本中,使用红色笔大大地写下来。

做一个"错题本"有它积极的一面,但我认为从一元化的角度来讲,没有必要再准备一个错题本。所以,就都记入教辅里一元化管理吧。

7 不合格带来的损失
晚一年通过考试会造成多少损失

📖 **低级欲望更能激发"动力"**

"为什么想要通过考试呢？"，如果这样问考生，就能得到很多种回答。比如"想通过考试找到更好的工作""想学更高水平的知识""想帮助他人、给老家做贡献""想让日本变得更好"等，各种各样的冠冕堂皇的理由。

但如果是这些动机的话，只要失去了那个理由，动机就会瞬间消失（比如即便考过了，也因就职难的问题或帮不到他人而无法如愿时）。

其实动机比较单纯，例如"想赚很多钱""想被异性喜欢"等，也就是说所谓的低级欲望更不容易降低动力。所以，当被问到想要通过考试的理由时，正面回答"想变得有钱"的人，更容易坚持学习。

📖 **年考不及格时的损失**

大家知道在一年一度的考试中失败，在次年才考过，也就是说耽误了一年的工作时间的情况，损失有多大吗？

假设起薪为400万日元，每年加薪20万日元，员工工作40年，按照这种情况试着来计算一下吧。

一个常见的认知是"认为晚上班一年时间，损失了400万日元"。可实际上，正确答案是损失了1200万日元。其理由是，虽然耽误了一年的上班时间，但起薪都是一样的，所以400万日元的起薪不会受到影响。受到影响的是退休时的年收入1200万日元。

晚1年入职=减少了一年的工作时间=最后的年收入少了一年。

晚一年考过时的经济损失

<前提>起薪400万日元，每年加薪20万日元，40年后退休

①考过的人的终身年收入

到龄退休

第1年400万日元	第2年420万日元	第3年440万日元	第4年460万日元	第5年480万日元	……	第37年1140万日元	第38年1160万日元	第39年1180万日元	第40年1200万日元
0日元	第1年400万日元	第2年420万日元	第3年440万日元	第4年460万日元	……	第37年1140万日元	第38年1160万日元	第39年1180万日元	第40年1200万日元

②晚一年考过时的终身年收入

如果晚一年考过，
最后一年的收入、
终身的收入都会有差距!

得不到

这里举的是一个稍微极端一点的前提，以此前提计算的话，损失就是1200万日元。仅仅晚一年就会损失1200万日元，所以还是早点考上。

📖 应试学习的时薪

关于金钱需求的动机，还有一个方法是"把学习时间转换成时薪"的方法。

再举个稍微极端一点的前提，假设你考上了东京大学，毕业后在一流企业工作，那与没考上东京大学而考上其他大学相比，你一生的年收入会多1亿日元。

然后把考入东京大学为止的学习时间假定为1万小时的话，那么就是"1亿日元÷1万小时=时薪1万日元"。也就是说，考生虽然在学习的时候没有收入，但是考虑到将来的工资，将其换算成时薪的话，就相当于在打一份工，并且时薪是如此之高。

所以不能只是盲目地去学，要像这样联想到"金钱"，就能够保持学习的动力了。

第 7 章

距离考试一段时间开始到考试当天的做法

1

距离考试1年时的学习方法
切实做好输入的时期

📖 考试前1年切实做好输入工作

本章我们将以"距离考试×天开始到考试当天的做法"为主题，按时间顺序进行讲解。

距离考试1年时间，我们的时间还很充裕，所以要制订一个扎实的学习计划并进行输入。关于学习计划，应该从目标开始（正式考试）倒推制订1年计划，并考虑清楚输入的时候，应该以哪个教辅为基础，上哪些课程。

如果是考前的1年，应该还达不到特别紧张的状态，此时正是认真观察身边比自己早一年备考的前辈们的好机会，所以要好好看看他们是如何冲刺的、他们是在什么地方遇到困难的。等前辈们的考试结束了，就赶紧找他们取经吧。

📖 一定要参加试考

在正式考试的前1年，为了检测考生的能力水平，会进行"试考"（纪念考试）。如果没有特殊情况，建议你一定要参加这个试考。

当然，试考时也许不具备通过考试的实力，但其目的是确认最终的目标，体验一下真正考试的氛围。试考是需要支付考试费用的，可是，是否参加过试考对来年的正式考试的通过率却有着很大的影响。即使不能参加正式的考试，也要体验一下试考的感觉，如果培训班在同一天安排了"试考体验"，那就一定要参加。

距离考试1年时的学习方法

输入和输出的比例	1年之前参加1次 试考的好处

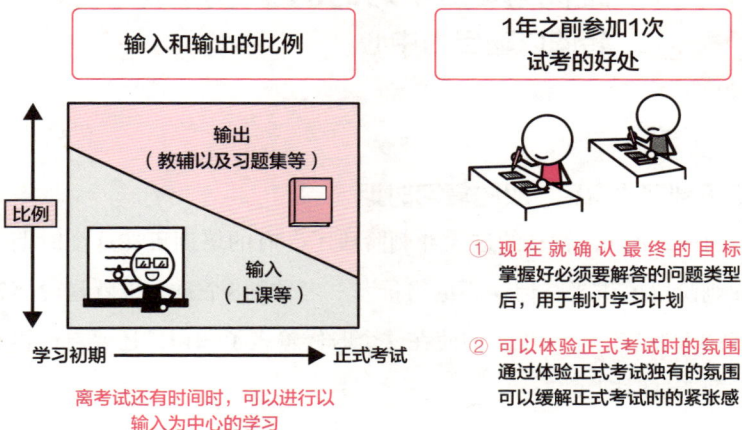

离考试还有时间时，可以进行以输入为中心的学习

① 现在就确认最终的目标
掌握好必须要解答的问题类型后，用于制订学习计划

② 可以体验正式考试时的氛围
通过体验正式考试独有的氛围可以缓解正式考试时的紧张感

📖 试想一下1年能学习多少小时

1年是一个恰到好处的时间。在制订一年的学习计划时，多听取合格者分享的经验以及建议，来思考"1年合计要学习多长时间？"

相比"我要每天学8个小时！"这样的计划，"8小时 × 30天 × 12个月 =2880小时"这样的计划方式更为妥当。或者以"每个月240小时 × 12个月 =2880小时"这样的更大一点的视角来计算学习时间。还要思考，大多数的合格生是不是在1年的时间里学习了2880小时才考过的。

📖 还可以利用"有效浪费"的时间

考试前1年的这段时间，是利用"有效浪费"的时间的好时机。"有效浪费"的时间，是指花费在与备考没有直接关系的事情上的时间，例如读关于考试的小说或看关于考试后工作的电影，这些都是有助于保持学习动力的。

如果有些事情无论如何都想做，那么就将这件事情算到这件"有效浪费"的时间里吧。

2 距离考试3个月时的学习方法
转向以输出为中心

📖 终于到了"魔鬼"般的复习时期

考前的3个月，就真的进入冲刺阶段了。有的培训班在这个时期会提供进入冲刺阶段的讲义，但这不值得推荐。考前的3个月，也就是说离正式考试只有90天左右的时间了。即使在这个时候输入了知识，还要自己再复习一下，就到考试时间了。

因此，有必要提前制订一个不需要在这个时期上课的学习计划。

到了冲刺阶段，就不要在培训班接受输入式的教育了，而应该自己利用复习教辅进行"魔鬼"般的复习了。其目的就是消化、吸收、巩固之前所学的知识。这个时候应该把模拟考试设定为小的里程碑，并认真确保自习的时间。

📖 可以强迫自己学习的时期

应试学习时的健康管理是很重要的事项，如果是在考前3个月的那个时期，高强度的学习导致的身体状态不佳也还来得及调整。

在这个时期可以给自己施加比平时更大的压力，平时1天学8个小时的考生，这时可以学10个小时，平时一天学10个小时的考生，这时可以学12个小时。

当然，通宵达旦式学习是不可取的。在本书中多次提到过，睡眠不是学习的敌人而是学习的盟友。

如果通宵的话，生活节奏就会被打乱，而且也很难记住所学的内容。所以，就算这时为学习忙得焦头烂额，也绝不要通宵达旦地学习。

距离考试3个月时的学习方法

3个月前　2个月前　1个月前　正式考试

到正式考试为止还有时间，所以可以适当强迫自己的时期

考前3个月！输出！魔鬼式重复复习！

要"魔鬼"式地重复进行习题集和教辅等的输出

冲刺

到这个时期输入大体结束

1天要学的科目数

从考试前3个月左右开始，就要尽量增加1天要学的科目的数量了。因为1个科目如果1周都不管不顾的话，就会变得生疏。如果要考3个科目的话，每天都要接触所有科目，如果要考7个科目的话，利用两天时间就能接触所有科目，我觉得这样的学习节奏比较好。

学生经常向我询问有关参加超过 7 门科目（多科目考试）的考试的技巧。如果是多科目的学习，那么技巧就在于确定学习的顺序、统一要做的事情，如"①②③④⑤⑥⑦→①②③④⑤⑥⑦"这样统一顺序进行学习。

另外，在统一学习顺序的基础上，按照"输入教材时期→输出时期→考试→复习"的顺序，统一各科目的学习顺序也是很有效的。犹豫"接下来要做什么？"，这是在浪费时间，而且在多科目考试中，为了不让学习时间出现偏差，不制定擅长科目和不擅长科目的战略是很重要的。

3

距离考试1个月时的学习方法
谋求记忆的周详化

📖 进入真正的考前期

考前1个月，就进入了真正的考前期。说实话，在这个时期无论是谁都在学习，所以在进入考前期之前进行了怎样的学习才是胜负的关键。

在进入考前期前，要进行以"理解"知识为主的学习，从这个考前期开始，就要开始认真"记忆"知识了。考试前1个月记忆的东西，考试时也会留在浅层的记忆里，所以考试时也更容易想起来。因此，在这段时间里，就要努力把到现在为止所学的知识尽可能地周详化。虽然我的座右铭是"没有理解的死记硬背有害无利"，但在这个考前期，对于那些无论如何都没法理解的知识，进行死记硬背也是可以的，在考虑付出与收获的基础上进行学习。

📖 健康状态管理很重要

考试前的1个月，需要注意的是不要把身体搞垮。距离真正的考试只剩下30天了，如果因为感冒等原因卧床1周的话，那将是很大的"时间损失"。

有些同学在距离考试1个月的时候，因为精神崩溃，导致学习困难（有的学生甚至会哭得稀里哗啦）。

这些学生大多在考试前安排了太多要做的事情，这使他们无法消化，从而被焦虑压垮。

总之，在考前的这段时期保持平静的心态学习是很重要的。重新规定"至少要复习这个"，减少应该做的事情，认真地推进学习计划吧。

距离考试1个月时的学习方法

| 记忆的周详化 | 不过于强迫自己 | 有所取舍 |

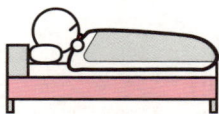

到此为止还可以进行以理解大框架为主的学习，但从此往后就要进行周详的记忆了

考前一个月搞垮身体会导致大量的时间浪费。要保证充足的睡眠

把应该做的和没必要做的事做完取舍后，将决定好的事做到极致

📖 成绩从E级逆袭为合格的方法

考前一个月，你已经完成了全国模拟考试，这个时期你会对自己的实力有所了解。那些获得 A 评定的学生就可以按原来的学习方式继续学习了，不过对于考试评定为E的学生，如果是在校生的话，也能利用1个月的时间取得突飞猛进的进步，所以，摆好心态正常学下去就可以了。

但是，无论是应届生，还是非应届生，都有在获得E级判定后反败为胜的绝招，那就是"合格体验记模拟体验法"。想象一下，在通过考试后你被要求写一篇通过考试的体验谈，然后，当你写到"考前一个月时，我的成绩是E，但我通过做XX得以逆袭并最终通过了考试"，就是想象着这个"XX"进行学习的方法。

曾经的成绩评定为E，意味着需要采取与其他考生不同的学习方法。例如，"考前那段时期1天学习20个小时"或者刻意采取了"只做历年真题"的极端学习法等，有时这些方法也很有效。

4 距离考试1个星期时的学习方法
优先考虑健康状况和自信心

📖 考前1周应该优先的事情

考前1周应该最优先考虑自己的身体状况。如果过于疲劳导致生病的话，就会直接影响正式考试的成败。绝对不要熬夜，要进行均衡的饮食，保证充足的睡眠。还要将早上起床的时间和晚上睡觉的时间调整到与考试当天的起床时间和考试前一天晚上睡觉的时间一致，通过这样的方式来调整你的作息，让大脑适应考试。

虽说要最优先考虑身体状况，但学习还是要继续进行的。具体要学什么呢？你要把已经进行了多遍复习的教辅，从头到尾再确认一遍。这是为了在最后1周检查知识的掌握情况，并看到"自己已经走到这一步了"来让自己充满信心。在我备考那个时期，距离考试还有3天的时候，我结合考试的时间，把做过多次的历年真题重新做了一遍。因为已经解了很多次，所以我可以得到一个几乎满分的分数，达到这种状态是非常重要的。

📖 不要再碰新的教辅了

考前1周绝对不要再碰新的教辅了。市场上销售的一些以"押题"为标题的习题集非常吸引人，但在这个时候即便是那些押的题也不要做。因为即便做了，如果自己不会做，只会让人感到不安，在这个时期接触新知识，从付出与回报的角度来讲，效果会很差。

同时，还要控制利用社交网络的时间。这个时期也是形形色色的人毫无根据地说出各种流言蜚语的时期，了解之后只会让你更加焦虑。押题之类的

距离考试1周时的学习方法

此时是出现各种各样的诱惑的时期，一定要冷静、淡然地面对学习

不要通宵！

不要过于期待押题

这里和这里

还有这里！

不要被社交网络中的流言蜚语所迷惑

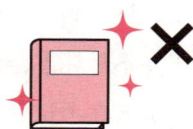

绝对不要碰新的教辅！

内容就更无须在意了。

📖 着眼于这个时期学习1年

学习计划的制订要从目标开始倒推。从这个目标倒推的情况，"考前冲刺期应该看什么教辅呢？"，持有这种观点是很重要的。

由于不可能在考试前阅读所有教辅，因此有必要将每个科目的知识精简到1册的程度。所以这个一元化的资料就要花1年时间做出来。

📖 在考场遇到旁边的考生吵闹时的应对策略

正式考试的时候，时常能碰到旁边的人抖腿剧烈、呼吸鼻音重、有臭味等烦恼。这些问题很常见，所以我们必须想好对策。作为对策，就是要刻意在嘈杂的咖啡店学习。比如坐在健谈的阿姨旁边做题，这种做法可以帮助你忽略周边的吵闹。

不是说必须在考试的节骨眼上去咖啡店，找某个时机去就可以了。

5 距离考试1天时的学习方法
好好睡觉，预测意料之外的事情

📖 睡不着也没办法

好了，终于到了考试的前一天。有些人可能会因为紧张而不知所措。适度的紧张并不是坏事，因为它会产生好的结果。

有不少人在考试前的那一晚无法入睡。在这种时候，有种反正睡不着不如起床学习好了的冲动，但千万不要那样做。那是因为考试是需要很大体力的，不是熬夜挑战考试就能合格那么简单。

如果无论如何都睡不着的话，就闭上眼睛躺在床上。据了解，人类即使没有睡觉，只要闭上眼睛就会发出阿尔法波，大脑也能得到休息。

我在备考时认识的朋友跟我说，他在连续3天的注册会计师考试时，虽然3天合起来1分钟都没有熟睡，只是闭着眼睛躺在床上，可最终还是通过了考试。从这个实例可以看出，即使睡不着也不必恐慌。

📖 如果可能，请找考场附近的酒店住

如果可能，请在考试前一天入住考场附近的酒店。这是为了避免在正式考试时迟到，并防止路途远而导致身体疲惫。虽然这样要花一些钱，但我认为它是值得的。

考试当天，可以打车从酒店到考场，这样可以防止消耗体力。考试是一项大脑的运动，所以，要尽可能地减少体力的消耗。

考试前一天的学习方法

意象练习

正式考试中如果发生意想不
到的事情，就一定会混乱

早晨起来就想象一下从考试开始到
考试结束的经过，预测一下可能发
生的意外

闭上眼睛

闭上眼睛躺下就能让大脑休息

就算睡不着也绝不能去学习。闭上
眼睛安静地迎接早上的到来

📖 睡前意象练习

在考试的前一天，在睡觉之前，播放音乐，做一下30分钟的意象练习
吧。第二天早上起来洗个澡、吃完早饭、从家出发、坐车去考场、到考试开
始前做些什么、正式考试的时候如何做、休息时间做什么等，都要进行详细
的意象练习。

特别是早上如果遇到交通事故时怎么做、旁边人很吵的时候该怎么做、如
果出现了没学过的知识该怎么做等，对突发事件要竭尽全力地进行意象练习。

通过这样细致的意象练习，就能事先预料"意想不到的事情"了。在考
场经常会发生意想不到的事情，但通过意象练习可以让自己做到即使遇到麻
烦也能够从容应对。

据说，很多专业运动员也在积极地进行意象练习。正式考试也是精神层
面上的竞争，所以请尽可能地去预想意外事件吧。

6 考试当天的做法
为了能够充分发挥实力

📖 在试卷发下来之前

考试当日，充分发挥自己的实力是通过考试的关键。接下来介绍一下考试当日需要的一些秘诀。

首先，要在考试开始前3个小时起床。如果早上9点考试的话，6点就要起床。这是基于一种说法，即人的大脑在起床3个小时之后进入完全活跃的状态。

早上起床之后，尽量马上洗脸或者洗澡，这样的话会马上清醒。

早餐要吃以植物蛋白为主的食物，也就是纳豆、酱汤等为主的食物。需要注意的是不能摄入过多的水分。本来考试的时间就很短，如果在上厕所上浪费一两分钟，那可实在是致命的损失。

在去考场的途中，路过便利店，顺便就购买午餐。为了在休息时间补充少量能量，买两个饭团也是不错的选择。如果一下子吃掉一个盒饭的话容易犯困，而且血液不能充分地输送到大脑。

等到了考场后，确认一下座位，做好最终的检查。厕所尽量在临近考试的时间去，这个时间因为经常需要排队，所以一定记得带上教辅或整理好的笔记本等学习用具。

当日的服装以运动服或T恤等方便活动的为宜，不要过于在乎美观。

以上的流程和前一日的意象练习完全一样。

考试当天的秘诀

自我按摩	深呼吸	时间分配

按一按　　揉一揉　　　放松　　吸~呼~

从分发试卷到开始考试为止的空白时间给自己做按摩，这样可以减轻疲劳	即使已经示意开始考试了，也不用马上打开试卷，先做一下深呼吸，环视一下周围之后，冷静地开始答题	有时，最后的题出得比较简单，所以如果中途卡住了，就跳过去做下一题

📖 在试卷发下来之后

在发试卷到开始答题前的几分钟里，就趴在桌上，这么做有利于提高注意力。另外，如果参加了多个科目的考试，就自行按摩一下头皮、肩膀、腰部和前臂以缓解疲劳。

当收到开始考试的指示时，不要马上打开卷子，先做一个深呼吸，环顾一下四周的状态。我想其他人都是急于打开卷子，但此时保持内心的平静很重要。

在实际开始做题的时候，要注意时间的分配。一定要避免在试卷的前面部分出现的难题上浪费过多的时间，导致没有时间解答后面的简单问题的情况。

如果是答题卡式考试，无论空着多少题，都要在考试结束前5分钟全部填完，因为不填的话就是零分。

还有，不管你答得有多快，都不能中途离开考场，一定要思考到最后，同时也要检查是否有因粗心大意而写错的题。

以上就是我亲自体验并整理的考试当天的秘诀。

📖 掌握好"学习方法"

非常感谢你阅读到最后。

这本书介绍了51种学习方法。你找到适合自己的学习方法了吗？

正如我在开头提到的，每个人都有不同的学习方法。你可以了解多种学习方法，选择你感兴趣的方法尝试一下，坚持你认为合适的学习方法，按照你自己的方式调整并完善，最后就会形成属于你自己的学习方法了。

通过这本书，我把我认为重要的学习思路和学习方法都介绍全了，这一点我很确信，所以请大家自行选择适合自己的学习方法，开启你的学习之旅吧。

其中或许也有一些可能有点激进的学习方法（例如"24小时－睡眠时间＝学习时间"等）。

但是，请记住学习可以让人成长。不要只追求简单的目标，而要设定困难的目标，并思考如何推进才能实现困难的目标，通过实际达成目标，才能对自己产生信心，人生也会变得更加充实。因此，希望大家把应试学习当作成长的好机会，即使多吃学习的苦，也希望大家都能顺利通过考试。

📖 写给所有考生

我写这本书的契机，是本书的编辑发现了我的博客后找到我说，"我希望能够出版一本对我的上初中的孩子有帮助的讲解学习方法的书"，而一切就都是从这里开始的。

迄今为止，我为参加难考的司法资格考试等的考生编写过图书，但从未面向初中生和高中生写过书，所以，这次是我非常难得的经历。

　　前年，我的大儿子出生了，我非常希望儿子长大之后能读这本书，所以将那些对于考生来讲非常重要的学习法浓缩成了这本书。

　　真心希望本书能助所有考生一臂之力。